埋もれた中国古代の海昏侯国 一

# 二十七日間の皇帝 劉賀

主編　陳政
編著　盧星・方志遠
監訳　向井佑介
翻訳　田中一輝


樹立社

# 序

## 前漢王朝の残影——陳政

雄大な美しさに言葉をのむ江西の山川は、つねに人びとに対して天のめぐみをもたらし、傑出した人材を生みだしてきた。

南昌の前漢海昏侯劉賀《かいこんこうりゅうが》墓では、五年の歳月をかけて、約四百万平方メートルにおよぶ分布調査がなされ、約一万平方メートルが発掘された。その調査は、紫金城址、歴代海昏侯の墓園、貴族・平民墓地などを中心に、海昏侯国の一連の重要遺跡を発掘して大きな成果をあげ、二〇一五年度中国十大考古新発見のひとつに選定された。

### 一

前漢王朝は秦王朝のあとをうけた統一王朝で、劉邦の建国より、文景の治を経て、武帝の世にいたって最も繁栄する。

政治の世界におけるゲームとは、決して遊びではなく、真の戦争である。戦争というからには、刀の光、剣の影からのがれることはできない。

後元二年（前八七年）二月、漢武帝劉徹が崩御した。武帝は臨終に先だち、ときに八歳であった皇位継承者（のちの昭帝）のため、政治を補佐する大臣らを指名した。大司馬大将軍霍光《かくこう》、左将軍上官桀《じょうかんけつ》、車騎将軍金日磾《きんじつてい》、御史大夫桑弘《そうこう》羊《よう》の四人がそれである。

彼らは、武帝が思いえがいた政治設計の青写真にもとづき、霍光と上官桀が政治を、金日磾が外交を、桑弘羊は経済を、それぞれとりしきった。

武帝にとって想定外だったのは、封建王朝の外戚による専横の舞台が、このときに幕をあけたことである。そのなかの一幕において、主役を演じた彼の孫こそ、かつての昌邑王《しょうゆうおう》である漢の廃帝、海昏侯劉賀であった。

人の考えは天の意思におよばない。漢の武帝が崩御してからわずか一年で、金日磾が世を去った。それから数年して、上官桀と桑弘羊が霍光の専権に反発し、かえって謀反の罪に陥れられ、いずれも誅殺《ちゅうさつ》された。

ここにおいて霍光ひとりが強権をふるい、朝政を一手に掌握することとなる。

彼こそが、波乱に満ちた劉賀の運命を、舞台裏で操った張本人であった。

## 二

南昌海昏侯墓が存在するのは、中国でこれまでに発見されたなかで、最大の面積をもち、最も保存状態がよく、最も内容が豊富な漢代侯国の遺跡群である。その出土文物は、前漢列侯の葬制と墓園の制度を研究するうえで、きわめて大きな価値をもっている。

それが大きな価値をもつというのは、千年の謎を解きあかす鍵がそこにあると考えるからでもある。

幼少のころ、次のような民謡を耳にしたことがある――「淹《しず》みたり海昏県、出でたり呉城鎮」と。

海昏県城は漢代予章郡所管の十八県城のひとつでありながら、六百年あまりの歳月をへて地勢は大きく変容し、忽然と消滅して、現在その行方をさがしもとめることは困難となっている。あるいは、鄱陽湖《はようこ》（古の彭蠡沢《ほうれいたく》）が変遷する過程で埋没してしまい、東方の「ポンペイ」となってしまったのであろうか。

海昏侯国と海昏県城はもちろん完全に同一のものを指すわけではないものの、両者が関連する度合いはきわめて大きい。

海昏という名の由来についていえば、海は大きな湖であり、昏は黄昏に日の落ちるところ、西方をいう。つまり海昏とは、大湖の西を意味する。

清朝の『大清一統志』および『新建県志』の記載によれば、海昏侯国の故地は南昌市新建区昌邑郷游塘村にあり、当地の民は依然としてそれを「昌邑王城」と称していたという。王城は平面方形をなし、地勢は平坦、面積およそ二平方キロメートル、もとは東西南北の四辺にそれぞれ城門がひらかれていた。二千年もの長い年月をへて大きな変貌をとげながらも、昌邑王城のおおよそのすがたは、いまなおうかがうことができ、もとの城壁の基礎も存在している。

それでは、海昏県城の場所はどこか。地方志の記載によれば、漢の海昏県は予章郡に属し、おもに鄱陽湖西岸、今日の永修・武寧・靖安・安義・奉新の五県の大部分の範囲にまたがっていたらしい。また『永修県志』によれば、漢高祖のときの海昏県治は今の呉城鎮蘆潭の西北数里のところに存在したという。

あるいは本当に鄱陽湖の変遷によって、海昏県城は埋没してしまったのであろうか。

いま海昏侯国は、そのすがたを現わしつつある。将来、海昏県城がわたしたちにさらなる意外な驚きと喜びをあたえてくれることに期待したい。

## 三

南昌市新建区昌邑郷の墎墩《かくとん》山は、一見すると荒山のようで、じつは草木に覆われた豊かな場所である。

海昏侯劉賀は終日なすべきこともなく、ときに自身が別の世界でどのような日々を過ごすべきかを想像していた。

人びとはそれぞれ異なった角度から彼のことを憶測し、議論し、悪しざまにいうこともあった。彼の人生のすべては、ただ二十七日間皇帝になったあとすぐに玉座からひきずりおろされ、弾劾をうけたことに由来する。ここにおいて、彼はただ厚葬という手段によってのみ自らを慰め、虚妄の永遠を享受することができたのである。

繁縟《はんじょく》にかざりたて、奢靡《しゃび》をつらねたおびただしい数の副葬品は、彼の複雑な内面を反映し、またそこに彼の現実世界に対する絶望を見いだすことができる。

真に教養と自信をそなえた人こそ、簡素をきわめることができる。劉賀のように政治の世界からはじきとばされて行く先を見失い、心に極度の悲哀を秘めた凡庸な生命の持主は、限りある生命を十分に輝かすことができず、それゆえ白玉をもって床をつくり、金をもって馬をつくり、死後の「絢爛たる輝き」を選択するしかなかった。

## 四

劉賀について語るには、まず劉賀の父、劉髆《りゅうはく》のことを語らねばならない。

漢の武帝には、あわせて六人の息子がいた。長子劉拠は皇太子に立てられ、次子の斉懐王劉《りゅう》閎《こう》は早逝して子がなく、そのほかに燕王劉旦、広陵王劉胥《りゅうしょ》、昌邑王劉髆、そして末子の劉弗陵《りゅうふつりょう》（すなわち漢の昭帝）がいた。

劉髆は、武帝の六人の息子のうち、五番目にあたる。天漢四年（前九七年）、劉髆は昌邑王に封ぜられ、前漢最初の昌邑王として、封地は山東（現在の巨野県）にあった。後元元年（前八八年）正月、昌邑王劉髆は世を去り、おくり名は哀王とされ、史書に昌邑哀王と称された。劉髆の死後、わずか五歳の劉賀がその位を嗣《つ》ぎ、前漢で二代目の昌邑王となる。

元平元年（前七四年）四月十七日、漢昭帝劉弗陵が逝去する。ときに二十一歳であった。昭帝には後継ぎがなく、大将軍霍光が考慮の末に、劉賀であれば皇帝位を継ぐことができると考え、その喪礼を主宰させたのである。劉賀はその詔《みことのり》をうけると、随従百名あまりをともない、用意された七両の馬車で長安府邸に向かった。

山東昌邑より長安の都まで、懸命に急いで、一か月あまりの道程であった。長安に到着してから何が起きたかは、本文中にすべて叙述されているから、ここでは贅言《ぜいげん》しない。

いずれにせよ長安に向かったときから、彼はすでに「海昏」への道を踏みだしていた。

このようにして叔父のあとをうけたとき、劉賀は皇帝としてただ二十日あまりの時間しかないことを知らなかった。あるいは、知っていたのかもしれない。そうでなければ、一日のうちに何十日分もの仕事をこなすようなことをするだろうか。

現在の目からみれば、劉賀は政治的に無能であり、あるいは愚か者といってもよい。はやくに父を亡くし、政治を教えてくれる人はいなかった。政治に深く通じた父、醇親王奕譞《じゅんしんのうえきけん》がいた清の光緒帝とは違っていたのである。

勝てば王侯、敗ければ賊となるのは、世の常である。そこに罪を加えようとすれば、理由などいくらでもあげられる。

歴代の史官がみるところ、劉賀が皇帝位にあった二十七日間、使者が頻繁に往来し、旄節《ぼうせつ》を手にとり各官署に命じて物資を徴発あるいは要求すること、あわせて一一二〇回を数える。文学光禄大夫夏侯勝、侍中傅嘉らがたびたび進言してあやまちを諫めたのに対し、劉賀は人をやって簿冊にもとづき夏侯勝に詰問し、また傅嘉を縛りあげて監獄に送った。まさに、狂人の行いといってよい。

さらに劉賀はまた、荒淫無道にして帝王の礼儀を喪失し、朝廷の制度を攪乱したともいう。大臣楊敞《ようしょう》らがしばしば諫言したにもかかわらず、それを改めなかったばかりか、むしろ日一日とひどくなっていった。正史の説くところによれば、霍光は劉賀が国家に危害をおよぼして天下の百姓をして不安ならしめることを危惧し、群臣と協議して皇太后上官氏に奏上し、劉賀を廃して昌邑国（治所は現在の山東省巨野県）に送還し、湯沐邑二千戸を賜給し、かつての昌邑哀王劉髆の家財をすべて劉賀にあたえたという。その後まもなく、昌邑国は廃され、山陽郡に改められる。また、霍光は武帝の曽孫劉詢《りゅうじゅん》をたてて皇帝とした。漢の宣帝である。

劉賀はよくわからないままに長安に入り、わけのわからないままに出てきた、といえるかもしれない。

彼は歴史によって、否、霍光によって手荒くもてあそばれたのである。

## 五

漢の宣帝劉詢は、劉賀にくらべて賢明であった。霍光の在世中は頭を下げておとなくし、霍光が世を去るのを待って、すぐさま霍光の残党を一掃し、ようやく完全に天下を手中におさめるにいたった。しかし、内心ではやはり劉賀に対して少し遠慮していたようである。

元康二年（前六四年）、宣帝は山陽太守張敞《ちょうしょう》に劉賀を監視するよう命じ、それにもとづき張敞は劉賀の日ごろの行いについて箇条書きにして上奏した。「臣張敞は地節三年（前六七年）五月に職を山陽に任ぜられました。もとの昌邑王は従前の宮中に住み、なかには奴婢一八三人がおり、大門をとじて小門をひらき、ただひとりの清廉な使用人のみが銭をうけとって街で買い物をし、毎朝まとめて食物を運び入れるほかは、出入りを許しておりません。ほかに見張りの兵士を置き、往来の行人には注意しております。また、もとの王府の資金で人を雇って兵士とし、盗賊にそなえ、宮中の安全を保つようにしております」と。

さらに、「臣張敞はしばしば官員を派遣して監察しております。地節四年（前六六年）九月中、臣張敞が視察したところ、前昌邑王は二十六、七歳で、顔の色は黒く、目は小さく、鼻は尖って低く、髭は少なく、身体つきは大柄で、リウマチを患い、歩行に不便をきたしております。短い着物と長い袴を身につけ、恵文冠を戴き、玉環を帯び、筆を髪に挿し、木牘《もくとく》を手にし、あわただしく謁見しました。前昌邑王の衣服、言語、挙動をみるに、痴呆を患っていることは明らかです」と報告している。

こうした劉賀に対し、宣帝は遠慮するに値しないと判断し、次の一手をうつことにした。脅威がないのであれば、廃帝である以上、やはりそれなりの待遇が必要である。

予章郡海昏県の地を割いて彼にあたえ、海昏侯とすることにしたのである。

元康三年（前六三年）、宣帝は詔を下し、「かつて舜の弟、象《しょう》は罪を犯し、舜は帝となってからその弟を有鼻の国に封じたという。骨肉の親はわかれても絶つことはできず、いま、もとの昌邑王劉賀を海昏侯となし、食邑四千戸をあたえることとする」と命じた。これに対し、侍中・衛尉の金安は上書して「劉賀は天が見放した人です。陛下は至仁のゆえに、また列侯に封じようとしておられます。しかし劉賀は愚鈍をきわめた人物で、宗廟をまもり、入朝して天子に拝謁する礼をつとめることはできないでしょう」と述べた。はたしてその上奏は宣帝の批准をえた。劉賀は家人と奴僕をともない、封国の海昏（現在の南昌市新建区）へと向かうこととなった。

皇帝から王となり、さらに侯へと格下げされた。不運な劉賀は気づけば、山東から長安へと行き、また長安より山東へと戻り、ついに運命は彼を山東から江西へと送り、鄱陽湖畔の海昏侯国、すなわち江西のこの地に埋没させるにいたったのである。

じつのところ劉賀は、かなりの部分において、皇帝権力と霍光勢力による政権闘争の犠牲者だったのである。

## 六

海昏侯墓から出土した驚くべき文物が人びとの関心をひきつけるなかで、私は墓主の不幸な運命に思いをめぐらせつづけてきた。

　劉賀が海昏侯に封ぜられて数年後のこと、揚州刺史の柯《か》という人物が、劉賀のもとに前太守卒史の孫万世が出入りしている旨を上奏してきた。孫万世は劉賀に、「かつて廃位されたとき、なぜ宮殿を出ずに堅守して大将軍を斬ることもなく、天子の璽綬《じじゅ》を奪われるにまかせてしまったのでしょうか」と問いかけた。劉賀は、「そのとおりだ。機会をのがしてしまったのだ」と答えた。孫万世はまた、劉賀がそのうち予章王に封ぜられ、ずっと列侯のままでいるはずはないと考えていた。劉賀は、「そうなるかもしれないが、口にすべきことではなかろう」と答えたという。関係の役人らはこの上奏にもとづき、孫万世を捕らえて尋問し、事実を明らかにしようとした。

　もとより劉賀に政治の素養と知識はなかった。しかし、毎日数十件の不祥事を起こしたというのは、明らかに誰かが故意に罪名を羅列したにちがいない。そもそも、霍光の一派は調査して把握していたのであろうか。このように頑迷で無知な人物を選んで国喪を主宰させ、帝位を継承させようとしたこと自体、監督不行届きというべきではないか。責任はどこにあるのだろう。

　歴史の上ではさらに異なった見方もできる。当時の政治情勢のため、劉賀の抱いていたさまざまな志は、ただ驕奢淫逸《きょうしゃいんいつ》によって包みかくすほかはなかったのである。しかし、はからずもその仮面があまりにひどかったため、やはり皇冠を失うこととなった。

　現在の多くの家譜がすべてそうであるように、歴史もまた虚構に満ちている。

　この眼下にある、ただ木々におおわれるばかりの堅固な丘陵は、かつての小さな城邑であった。

　あらゆる手がかりが、ただ過去の一点を指している。

　初元三年（前四六年）、漢の元帝劉奭《りゅうせき》は劉賀の子、劉代宗を海昏侯に封じ、海昏釐《かいこんり》侯とした。劉代宗はその位を息子の海昏原侯劉保世へと伝え、劉保世はその子の劉会邑《りゅうかいゆう》に位を伝えた。

　西暦紀元八年十二月、王莽《おうもう》が漢にかわって新王朝を樹立した際、海昏侯国は廃され、劉保世は封地を失って庶民におとされた。のちに劉秀が後漢王朝を建国すると、劉氏の天下が回復し、劉会邑もまた海昏侯の地位に復した。そして後漢の永元十六年（一〇四年）には、海昏侯国は分割され、建昌県と海昏県が設置されている。

　前漢昭帝の治世ののち、劉賀が即位してわずか二十七日、さらに宣帝劉詢が即位するまで、朝政はおおよそすべて霍光の掌中に握られていた。当時、霍氏一族の権力は絶大で、霍光が朝野に権力をふるっただけでなく、その息子の霍《かく》禹《う》と甥の子の霍雲は前後して宮衛の郎官を統率する中郎将に任ぜられ、霍雲の弟の霍山は禁衛部隊である胡越の兵を統率する奉車都尉侍中を拝命している。霍光のふたりの娘婿もそれぞれ東宮と西宮の衛尉として皇宮の警備を担当するなど、その兄弟・親族はみな朝廷の要職につき、前漢の朝廷内にあまねく張りめぐらせた広大な勢力基盤を築きあげたのである。ここにおいて、霍光はすでに当時の事実上の最高権力者であったが、昌邑王劉賀を帝位から廃除して宣帝を擁立すると、その権勢と声望はさらに絶大なものとなり、頂点をきわめたのであった。

　幸いなことに、劉詢は劉賀にくらべてずいぶん利口で、自らの才を隠すすべを知っていた。

　かつて民間に身をおいていたときから、劉詢は霍光の権勢と威風を耳にしていた。とりわけ一夜にして平民から至高無上の皇帝へと変身したのちには、いっそう霍光の権威にしたがうよう努めた。ひとたび即位すると、朝廷内部からは霍光派の政治的圧力がひしひしと感じられた。即位の日、高祖の廟に拝謁する際には、霍光がその車に同乗してつきそった。劉詢は思うように身体を動かせず、針のむしろに座しているかのような感覚であった。

　世間をよく知る宣帝は、心中よくわかっていた。自らが即位しても頼りとなる後ろ盾はなく、わずかに皇帝というひとつの称号のみによって、無数の手先をしたがえた霍光派と対等にわたりあうことは不可能であり、ただ最大限の自制を保ち、次第に自身の勢力を拡大し、時機をまって、ようやく最高統治権を奪回することができたのである。したがって即位してすぐに、霍光が政権を返還する意思を表明したとき、劉詢はそれを拒絶した。彼は霍光を厚く信頼していることを明示し、霍光の才能をほめたたえたのである。そして、ひきつづき朝政を主宰するよう霍光に請い、あわせて群臣に対しては、大小を問わず何事もまず霍光に報告してから帝自身に奏上するよう、宣布したのである。その後、あらためて詔を下して、霍光による援立の功をたたえ、七千戸を増封した。つねに朝廷においては、劉詢は霍光に対し最高の礼をもって待遇した。この一連の行動が、霍光の不信感と警戒感を払拭し、朝廷内にひそむ政治的危機を緩和し、劉詢が統治を開始するための良好な政治情勢をつくりだす役割を果たしたことは明確で、結果として「昌邑王の轍《てつ》を踏む」ことを免れたのである。

　このようにみると、劉詢は劉賀よりもずっと政治的に隠忍自重《いんにんじちょう》のすべを身につけていたのであり、あるいは劉賀は根本的にそれを理解していなかったともいえよう。

　騒ぎのあとに登場した劉詢が、帝位に即いてから劉賀の食邑三千戸を削ったのは、前任者とは政治的に一線を画することを表明しようとしたのかもしれない。

　劉賀が歴史のなかでさしたる評価をうけることはなく、彼の海昏侯国もまた、月光の下にぼんやりと浮かぶ、鄱陽湖畔の夢のようであった。しかしその夢は、大量の財宝の出土を契機として、無数の人びとの耳目を引きつけることとなった。

　考古学の発掘は、往々にして人びとの探究心に根ざしており、あるいは祖先の故事を借りて自らが輝かしい存在であることを確認しようとする行為ともいえる。

　李冬君によれば、王道と王権の葛藤のなかで、現実の王権はつねにその時代の主流でありつづけ、理想の王道とは次第に乖離《かいり》していくのだという。

　劉賀その人と彼にまつわる一連の出来事は、海昏侯墓の発掘と保護が進むにしたがって、じょじょにその時代の記憶が明らかにされていくことだろう。

## 七

　文化には、創造、研究、伝播がともなう。

　この考古学の重大発見をいかに扱うべきか──これは文化を研究し、世に伝えていくうえでの重要課題である。

　文物は過去を伝える遺物であり、過去の歴史へといたる道であり、歴史の主観と客観とをつなぐ橋梁でもある。文物と歴史との関係は密接で、それはおもに歴史の事実、歴史の証拠、歴史感情、歴史問題という四つの方面にあらわれる。

　専門家とメディアが注意しているのは、上述の四点のほか、研究と報道の過程で何よりも客観性と公正性を重視し、個人の嗜好や偏愛をもって歴史事実を判断しないということである。また、歴史の真相は表面だけをみても明らかにしえず、つねに物事の淵源までさかのぼって、本質を探究する態度が必要である。そして、つねに懐疑的態度をもって研究にあたり、無批判に他人の説に追従すべきではない。懐疑的態度をもって推論・考察・研究をかさねることこそが、正しい結論にいたる唯一の道であると信ずる。

海昏侯の文化について研究し、それを伝えていくにあたり、私は歴史学者の黄仁宇による「マクロヒストリー」の概念を参考にした。それは、個々の小さな事象から大きな道理を導き、長期的な社会・経済・文化構造の考察から歴史の潮流を明らかにし、深遠な歴史の時間軸と東西文化の比較から中国の歴史的特質を浮き彫りにしたもので、人間性の複雑化から文明発展の動態へと視点をひろげ、人間性と価値観の形成にまでおよぶ議論である。

海昏侯墓の発掘とそこから出土した文物には、少なくとも次のような重要な意義があると考えている。第一は、前漢時代の制度と文化の詳細を解明したことである。第二は、社会的、歴史的環境が個人の運命におよぼした重大な影響と、個人の運命が社会と歴史におよぼした大きな反作用の実例としての意義である。第三は、国家と郡県の間の政治的、地縁的関係を整理したことである。第四は、中国南方の経済発展の様相について新たな証拠を提供したことである。第五は、封建国家政権の注意力と行動力について、政治・制度・宗法《そうほう》などの観点から明確にしたことである。第六は、中国芸術史・経済史・考古学などさまざまな領域の学術研究に資する多くの実例を提供したことである。

史を以て鑑となす。鑑とは、鏡のことである。歴史を映す鏡によって、のちの人は襟を正してきた。

王から帝となり、さらに侯へと降るという、波乱に満ちた海昏侯の運命は、我々に重苦しい感覚をのこした。

個々の人間が運命に立ち向かって疲弊し力尽きることは、狂瀾怒濤のなかで無駄にあがくようなものであり、それはまた中国数千年の歴史のなかではよくあることであった。運命の神はしばしば人をもてあそび、ときに垣間みえる非人間的あるいは非道な手口には、あらがうすべもない。

「マクロヒストリー」の学術的視点は、道徳観念にとどまらず、人類による理性的思考の発展法則について考える手がかりをあたえてくれる。

墓中から何が出土したかに着目することは、たいへん重要である。しかし、当時の歴史的、政治的背景がもたらした墓主の不幸な運命に注目することは、さらに重要である。

あるいは前漢海昏侯墓の発掘は、典籍に記された小さな歴史観念をはるかに超越し、生命の真理を解きあかしてくれるのではないだろうか。

まさにこうした思考にもとづき、私たちは『埋もれた中国古代の海昏侯国』シリーズを著した。本書によって多くの方に、なお精彩を放つ前漢王朝の残影を、はっきりと味わい、感じてもらいたいと願っている。

# 目次

# まえがき

紀元前七四年五月のある日の正午、およそ三百人の車馬列が昌邑城（現在の山東省巨野県）から出発し、首都長安に向かった。完全武装の衛士が七両の四頭立て馬車を取り囲んでおり、そのなかの一両に十八、九歳の青年が乗車していた。その顔はやや黒く、鼻は尖ってはいるものの低く、ひげと眉は少なかったが、体は大きかった。彼の再三の号令のもと、侍従たちは馬にむち打って走らせ、半日のうちに定陶（現在の山東省菏沢市定陶区）に到達し、進むこと一三五里、疲れ死んだ馬が道端にるいるいと横たわっていた。みるからに一般の王侯と異なる車の主が、あわただしく出立し、道中を狂ったように走り去った。動静がかくも大きいのはなぜか、いったいどんな大事が発生したのか、などと途上の民衆は盛んにうわさしていた。

楽車庫から出土した馬車

このとき首都には確かに大事が発生していた――年若い昭帝が突然に病によって崩御し、しかも後嗣《あとつぎ》がなかったのである。朝政を掌握していた大司馬大将軍霍光《かくこう》は、昭帝の甥である昌邑王劉賀を都に呼び寄せて皇位につけ、喪礼をつかさどらせることについて、皇后の同意をとりつけた。ここにおいて前述の一幕が生じたのであり、車中の青年こそがまさしく昌邑王劉賀であった。

世間を知らない劉賀が二代目の王から「九五《きゅうご》の尊（皇帝）」へと変身したときには、予想もできなかったであろう、またたく間に玉座から引きずりおろされ、昌邑王府に引き戻され、最後には海昏侯に封ぜられ、辺鄙な予章郡に移って余生を送り、三十四歳で世を去るなどとは。

劉賀の短い一生、瞬間的ともいえるほどの皇帝としての生涯は、波乱に満ちて起伏に富んだ四百年にわたる大漢帝国の歴史において、滄海《そうかい》の一粟《いちぞく》というべき小さなものでしかなく、時間の推移にしたがい、その人、その事件は歴史の塵のなかに埋もれてしまった。それが二千年以上のちの今日にいたって、海昏侯墓に再び光があてられると、廃位させられたこの皇帝は次第に人びとの視線を浴びるようになり、専門の学者や一般の大衆の話題となったのである。

# 一、「放縦」の昌邑王

劉賀《りゅうが》は、前漢武帝（前一四一～八七年）の治世に生まれ、昭帝（前八七～七四年）・宣帝（前七四～四九年）の時代を生きた。その生涯は、浮き沈みが激しく、変化に富み、伝奇的な色彩をおびている。前後して藩王・皇帝・列侯となった。彼が歴史に名をとどめることができたのは、わずか二十七日間の皇帝としての生涯を経験したことに由来する。ごく短い期間とはいえ、皇帝の象徴である璽印継承の儀式をへて、当時世界最大の豪邸――長安の未央宮《びおうきゅう》に居住していたのである。

普通の人間からみれば、未央宮の住人は地上で最も享楽をきわめた人間に違いないと思われるであろう。そこにいたる論理は単純である。未央宮の主は皇帝で、皇帝とはすなわち天子であり、天子とは天上が人界に遣わし、人民を管理する存在であって、それゆえ、彼の地位は至高にしてそれ以上の存在はなく、その権力のおよばざるところはなく、すべては意のままであり、山海の珍味を食し、絶世の美女を抱く……。

漢の廃帝――劉賀

しかし、歴史は我々に、皇帝もまたハイリスクな職業であることを教えてくれる。穏やかなる皇位に坐し、よき皇帝でいたいと考えることは容易ではなく、その機微は皇帝を経験した人物のみが深く体得しうるものなのである。

劉賀はもともと逍遥自在の二代目の王であった。ところがなにかの縁で皇帝となったことが、彼の人生の軌跡を変え、彼の身分を複雑にし、寿命を縮め、そして史書に多くの汚点を残すこととなったのである。

劉賀の物語は、彼の昌邑王《しょうゆうおう》としての生涯から始まる。

## 1　生い立ち

劉賀にはよき祖父――漢の武帝劉徹――がおり、彼のすべてはこの祖父によりもたらされた。

劉賀の父親は武帝と李夫人の間に生まれた子で、どういうわけか、劉髆《りゅうはく》などという、おかしな名前をつけられた。「髆」とは上腕の肩にちかい部分を指し、これを名前としたのは、胎児あるいは出生のときに、上腕の付け根部分の骨格に変形異常が生じたことによるのかもしれないが、定かではない。天漢四年（前九七年）、武帝は山陽郡を昌邑国に改め、劉髆を冊封《さくほう》して昌邑王とした。このとき劉髆はわずか十歳ばかりであった。

　劉賀の祖母李夫人は、もともと皇宮内の歌妓であり、出身身分が低く、皇帝に謁見することとは無縁であり、まして皇妃になることなどありえなかった。しかし彼女には李延年という兄がおり、歌舞をよくし、作曲・作詩に精通し、つねに新歌・雅曲を創出し、朝廷の内外には多数のファンがおり、武帝もそのうちのひとりであった。

　あるとき、李延年は武帝のために新たな歌舞を演じ、武帝の姉である平陽公主もかたわらで観覧した。李延年は舞い躍りながら、

北方に佳人あり、
美貌は絶世にして立ち姿は端麗なり。
瞳をめぐらせてひとたび笑えば、城を傾け、
首をめぐらせて再び望めば、国家を傾く。
だれか傾城傾国の災禍を知らざらん、
ただ佳人は二度とはえがたし。①

と歌った。曲はなめらかで愛慕の情に駆られ、魂を引きこまれるようであった。武帝は完全に引きこまれ、聞いたあと立てつづけに嘆息し、「すばらしい、すばらしい歌だ。しかしこの世にかような人が本当にいるのか？」といった。平陽公主はその機会を利用して、李延年の妹を武帝に推薦した。武帝が招いてみたところ、はたしてたいそうな美人であり、その舞う姿をみると、武帝はいっそう夢中になって恋い慕った。李夫人はこれによって武帝の寵愛を受けることとなった。

　ところが、佳人は薄命であるもの。武帝の愛する李夫人は劉髆を生んでまもなく病死し、武帝は悲嘆にくれ、通例を破って皇后の礼にのっとって彼女を葬り、さらに宮廷画家に彼女の肖像を描かせ、これを甘泉宮に掲げた。しかしそれでも武帝の李夫人に対する情念は消えることがなかった。

　ある日、長安城に少翁という方士がおとずれて、李夫人の霊魂を招きよせることができると明言した。武帝はすっかりこの方士を信じ、急いで彼に招魂させた。その日の夜、武帝と少翁は李夫人の生前使用していた寝所にやってきた。少翁は灯籠に火をともし、帷《とばり》をめぐらせ、酒肉を用意し、そして武帝を別の帷のなかに招き入れた後、口の中で呪文を唱え、霊魂を招き入れようとした。このとき、奇跡が起きた。武帝は帷《とばり》越しにぼんやりと、遠くに李夫人によく似た美女がいて、帷のなかにゆっくりと坐し、またおもむろに去っていくのを見た。しかし少翁があらかじめいいふくめていたため、武帝が近づいてみることはできなかった。実際は方士の弄《ろう》した幻覚にすぎないとしても、武帝はこれを真実と信じこみ、いっそう李夫人への思いを募らせて感傷的になり、

そなたか？　それとも別人か？
私はここに立ちそなたを望んだが
どうしてゆるりと来たりて
すぐに去ってしまうのか

と、即興で詩を吟じた。その後、楽府の音楽家に演唱させた。久しからずして、武帝自ら悲哀の感情に満ちた長賦を作り、これをもって李夫人を追悼した。

　漢の武帝には六人の后妃がおり、最初に配された陳皇后を除いては、武帝自らが選んだ者たちであり、いずれも例外なく一目惚れであった。したがって、婚姻関係にあっても、武帝が別の女性に情を移すことは珍しくなかった。しかし李夫人に対する恋愛感情とその執着ぶりは、ほかの后妃たちが享受することのできないものであった。

この恋愛からは、武帝の別の一面が垣間みえる。彼は覇気に溢れた暴戻《ぼうれい》の君主であっただけではなく、水のごとく情にもろく、幾分かの文人気質を帯びた多情の天子でもあったのである。

李夫人の死後、李氏の家族は彼女のおかげで富貴となった。彼女の二人の兄――李広利は貳師将軍《じししょうぐん》・海西侯となり、李延年は協律都尉に任ぜられ、上流社会に歩み入った。彼女の子である劉髆は諸侯王という高い身分ではあったものの、体の調子がずっと芳しくなく、まるで李夫人の短命の遺伝子を受け継いだかのように、武帝の死に先立つこと一年、後元元年（前八八年）正月に病死したのであり、「哀」という諡《し》号《ごう》を受け、史上では昌邑哀王と称される。

劉髆は死去したとき二十数歳に過ぎなかったが、一人の男子と四人の女子を残していた。この男子こそが劉賀であり、このとき年わずかに五、六歳、たった一人の男子であるために父の位を受け継ぎ、二代目の昌邑王となった。

## 2　二代目の王

劉賀の昌邑王としての生涯は十三年続き、彼の人生において最も気楽な黄金時代であった。史家の伝えるところでは、武帝の皇孫、第二

第二代昌邑王劉賀は、狩猟・舟遊び・歌舞娯楽など憂慮のない生活を過ごしていた。

代昌邑王として、気ままで自分勝手な性格をもち、束縛も憂慮もない生活を好み、日ごろは騎馬競走・狩猟・舟遊び・歌舞娯楽などにふけり、朝廷の政治動向や社会の民生状況といった国家の大事についてはもとより聞くことも問うこともせず、聖賢の書を読み、治国安邦の道を学ぶなどといったことにも興味を示さなかったという。劉賀の態度は漢代の王侯貴族においては本来よくあることで珍しくもないが、しかし彼の下には比較的まじめな官僚が幾人かおり、決してこれらのことを見逃さず、これが放縦の行為であることを認識し、彼に対して批判的な教育を進めることを厭わなかった。こうした官僚の中で最も有名なものとして数えられるのが、王吉・龔遂《きょうすい》の二名である。

王吉・龔遂はともに昌邑王国の高官であった。王吉は中尉となり、王都の警備・治安を担当し、龔遂は郎中令であり、王宮禁軍のボスであった。中尉や郎中令といえば、朝廷の官職である。それがどうして王国にあるのだろうか。それは、漢代の王国官制が中央の朝廷を模しているからである。相（相国・丞相）・太傅・中尉・郎中令・衛尉など、一連の重要な官職のうち、王国に存在しないものはひとつもない。ただ、これらの官職の任免権の所属には大きな違いがあり、こ

れに関しては漢代初期の封国制度の成立から説きおこしたほうがよかろう。

「漢 秦制を承《う》く」とは漢王朝の基本制度が中央から地方にいたるまで、中央の三公九卿制度・地方の郡県制度など、おおよそ秦朝のそれにのっとったものであることをいう。しかし、いくつか秦制をモデルにしたものでないものもあり、封国制度などはそのひとつである。

前漢の封国制度の誕生は異姓諸侯王の分封を契機としたものであり、秦末漢初の戦争時代の産物である。項羽との戦いのなかで、当時まだ漢中王であった劉邦は、強大な力をもつ項羽を打倒するために、韓信・英布・彭越らの人びとを王に分封し、彼らの支持をとりつけた。そうすることで、諸王共同の努力により、劉邦は最終的な勝利を獲得し、皇帝の地位にのぼりつめ、天下をものにしたが、しかし異姓諸王が国土を分割し、独自に軍隊を擁するという状況は劉邦にとって悩みの種となり、このため、彼は多大な時間と労力とを費やし、さまざまな手段を弄することで、彼ら諸王をひとりひとり排除し、結果、漢と南越の境界に位置し、勢力が弱く忠誠心に溢れている長沙王呉芮《ごぜい》だけが異姓諸侯王として残されるにいたった。

劉邦は異姓諸侯王を排除するのと同時に、秦朝を鑑としてその轍を踏まないようにした。秦朝が二代で滅んでしまったのは、宗室の子弟を王として分封しなかったために、陳勝・呉広の乱が勃発したあと孤立無援の境地に追いこまれ、一気に滅亡してしまったのだと考えたのである。そこで同姓の子弟九人を分封して諸侯王とし、彼らを各地に出鎮させ、朝廷を囲むように守らせた。これ以後、太子が皇位を継承する以外には、皇子は分封されて王となったのであり、これがすなわち漢王朝の制度となった。

漢初の同姓諸侯王に対する法的制約は、たとえば諸侯王は天子の儀礼を使用してはならない、勝手に兵を発してはならない、封国内で塩や銭を生産してはならない、勝手に人に対して爵位を授与したり恩赦を施したりしてはならない、亡命者を受け入れたりかくまったりしてはならない、他の諸侯王とプライベートで交際してはならない、朝廷の大臣に対して賞賜してはならない、随時入朝しなければならないなど、かなり厳しく、個人的な素行不良についても、法的な厳しい制裁を受けることもありえた。

しかし反面、朝廷は諸侯王に大きな権力を賦与してもいた。それが「郡国並行（郡・国並びおこなう）」の制度であり、地方行政組織が郡県と王国の二本立てで構成され、事実上王国と郡の地位は対等ではなく、王国は郡より高位の行政単位となり、王国領内の郡は王国により管轄された。統計によれば、漢初における王国管轄の郡は三十九か所であったのに対し、中央直轄の郡は十五か所にすぎず、呉国・淮南《わいなん》国などは一国で数郡を領する広大な王国であった。

諸侯王は王国の君主であり、王国内における行政・財政・軍事の大権を掌握していた。政治

残圏足青銅提梁卣《ざんけんそくせいどうていりょうゆう》（西周、北蔵樃東部酒具庫より出土）

に関与し、独自の小金庫を有し、さらに自身の指揮・調達を受ける独自の軍隊を擁していた。当然ながら、これらの資源を確保し自身に帰属する官僚組織をも別に有していた。この方面において、高祖劉邦は周到に考慮し、朝廷は王国に対する人事任免権をあっさりと手放し、王国の相・傅など少数の秩禄二千石以上の高官については中央が任免するものの、二千石以下の官僚は諸侯王がこれを任免した。このことは問題を複雑化させた。王国の独立性は次第に明らかになり、中央の皇帝にとっての潜在的な脅威も次第に表面化してきた。

　時間の流れにしたがい、同姓諸侯王の勢力は急速に拡張をつづけ、中央朝廷との対立もじょじょに深刻化し、景帝時代にいたってついに呉楚七国の乱が勃発した。この大規模な反乱は、景帝に大きな衝撃をあたえた。反乱の平定後、激怒した景帝は断固とした措置をとり、反乱に加担した王国は廃止・分割され、それと前後して自身の十三人の皇子を諸侯王に分封し、諸侯王がもっていた封国官僚に対する任免権をとりあげ、四百石以上の官僚はすべて中央が直接任免をおこなうようになり、あわせて彼らが王国内の政治運営にたずさわることを禁止した。こうすることで、諸侯王国は依然として存在しつづけたものの、王国の境域は大幅に圧縮され、一般に郡よりも小さくなった。これにより、王国が郡を管轄することはなくなり、県を直接管轄するのみとなって、王国は郡と同様に中央が直接統轄する地方行政機構となったのであり、「郡国並行」もその実がうしなわれて形骸化した。

　武帝の即位後、王国勢力の削減は継続され、さらに厳峻な法令政策を実施したほか、さらに手管《てくだ》を弄し、主父偃《しゅほえん》の建議を採用し、推恩令を発布した。推恩令とは、諸侯王が嫡長子に王位を継承させる以外に、「恩を推し」て自己の封地を分割してその他の子弟にあたえ、それぞれ皇帝により封号が定められ、侯国を建て、中央直轄の郡に統領させる、というものである。このように、王国中より絶えず多くの（規模の小さい）侯国が生まれることとなり、王国の封地は次第に縮小し、勢力も次第に弱体化していった。

　そのため、武帝以後の諸侯王はすでに昔のそれとは違っており、漢初と大いに異なるものとなった。漢初の諸侯王は異姓（功臣）・同姓（劉氏宗室）の違いにかかわらず、ともに封地は広く、ならぶもののない大権を掌握していたが、武帝以降の諸侯王はわずかに爵位のみを享受し、衣食に不安がないというだけの皇室貴族にとどまった。

　当然、封国制度のこうした変化は、二代目の王である劉賀にとって、たいした影響はなかったようで、祖先の残した遺産――政治・経済的特権――を日々享受するほかには、政治上においてなすべきこともなく、ただ感情のおもむくままに遊びにふけるしかなかった。七国の乱が平定されたあと、皇室・宗室の諸侯王として、もしこうした状態を維持できるのであれば、成熟した王にとっては、これは朝廷の猜疑《さいぎ》を避けるための賢明な行動ともいえた。しかし劉賀はまだ少年の藩王であり、彼が出世を求めなかったのはそうと装ったものではなく、知らずしらずのものであった。

　劉賀のこうした状態は、彼本人にとっては利はあっても害はなく、王位を継承して十三年、昌邑国も太平を享受していたことであろう。しかし彼の部下はそのようには考えず、とくに王吉・龔遂らの人びとは、この世間を知らない君主にさらに高度な要求をおこなうこととなる。

## 3　誤りを悟るも改めがたし

　漢代諸侯王の幕僚中、地位が最も高かったのは相と太傅《たいふ》であった。相は一国の行政トップであり、太傅は王の教師であって、彼らの王に対する言行挙止《きょし》の是非は当時の礼儀・法律にのっとり、直接の責任をともなうものであるため、王との関係も最も親密であるべきであった。しかし劉賀の太傅と相は、そうではなかった。

　太傅の王式が教師としての職務に尽力しなかったことは間違いなく、やんちゃな劉賀を怒らせて、教育がままならなかったのか、あるいはあっさりと免官されて暇を出されたのか、知るよしもない。しかし劉賀が廃黜《はいちゅつ》されたあと、取調官より詰問されることとなった――「昌邑王の教師としてなぜ諫書《かんしょ》を記して彼を諫めなかったのか？」と――。王式の回答は興味深い。「私は毎日『詩経』の三〇五篇を昌邑王に教え、忠臣孝子の篇におよんだときには、繰り返し彼のために誦読《しょうどく》・講義しました。亡国失道の君主について講ずる際には、涙を流して亡国失道の原因を彼が理解できるようつとめました。私は三〇五篇をもって諫めたのであり、この上さらに諫書をあらわす必要がありましょうか？」この弁明は彼の官僚としての運命を挽回するにはいたらなかったが、彼の身命を守ることにはつながった。この太傅のインテリ・官僚主義ぶりははっきりしている。

　劉賀の相についても記録が残されており、その名を安楽という。しかし本人はその名に似合わず、肝っ玉が小さく物事におびえがちであり、保身ばかりを考え、作為するところはなかったものの、最終的にはかえって破滅してしまった。

　王吉と龔遂《きょうすい》だけは忠誠心があり、あえてはばからず直諫し、漢代の名臣となった。

　王吉と龔遂はともに儒学を背景にもつ実務官僚である。孔子が儒家学派を創立して以降、春秋戦国時代の数百年をへて統治者に冷遇され、秦代にはさらに異端・邪説とみなされたことから厳しく禁止された。しかし、漢代にいたって儒学は大いに成熟・発展をとげる。儒学の称揚《しょうよう》する君臣倫理、あるいは徳をもって民を治める統治理念は漢代統治者の好みに合致し、董仲舒《とうちゅうじょ》による改造をへて儒学はついにその地位を確立し、漢の武帝は「独り儒術のみを尊び」、正式に政府の正統学説に列せられたのである。王吉・龔遂はこうした文化的背景のもとにあらわれた儒学官僚であった。

　したがって、王吉・龔遂の担当がいずれも武官であったにもかかわらず、彼らの行為はむしろ儒学の思想を背景としたものであった。この両名のような天をも地をも恐れず優雅で温和な部下に接し、また彼らの煩を厭わない説教に直面し、劉賀はどのような行動をとることができただろうか。

　劉賀は娯楽の方面ではたいへん熱心であり、危険や刺激を喜び、あたかも現在の走り屋のように、ひとたび車馬に乗ると夢中になり、馬にむちあて疾走せずにはいられなかった。

「昌邑籍田」の銘をもつ青銅鼎《かなえ》（主槨室東室南部より出土）

あるとき、劉賀は従者をしたがえて外に遊びに出かけ、ふと思いたって、馬を放って狂奔し、半日もたたずして二百里（約八〇キロ）もの距離を駆けぬけ、方与県城（現在の山東省魚台県の西）にまで到達した。このことを知った王吉は、事態を深刻にうけとめ、急ぎ上書して諌めた。この諌言は『漢書』「王吉伝」にのこされており、大意は次の通りである。

私が聞きおよんだところでは、ふるくは部隊の行軍は一日三十里（約一二キロ）にとどまり、たとえ黄道吉日の出行でも五十里（約二〇キロ）を超えることはありませんでした。『詩経』でもこのようにいっているではありませんか、

匪風《ひふう》発したり、
匪車 偈《けつ》たり。
周の道を顧瞻《かえりみ》て、
中心 怛《たん》たり。（『詩経』国風 檜 匪風）

と。その意味は、車駕にて出行し、馬を駆って狂奔するのは、風雅をそこなうことであり、当時周朝の提唱した貴族の風尚とは相反するもので、これにより人をして心配させ、また後人の危惧を招く、というものであります。現に今のごときは、大王は方与県にまで走り、ついには半日もたたずに二百里も駆けぬけてしまいました。君王の風雅を損なうことはしばらくおくとしても、途上における百姓《ひゃくせい》の苦しみはどうなりましょうか。大王が駕臨されることにより、数多くの百姓は農業を手放さざるをえなくなり、大王のために道路を整え馬を牽《ひ》くことは、民に親しむことではなく、民の患いとなることでありましょう。思うに、周武王の弟君であります召公奭《しょうこうせき》は燕国に分封されて諸侯となり、農繁の季節にあたるごとに、農事に影響をあたえないよう、甘棠樹《かんとうじゅ》の下で政治をおこないました。召公その人およびこのことは、当時の人々の賞賛を浴び、また一貫して後人に影響をおよぼしまた激励してもおります。『詩経』中の「甘棠」の詩はすなわちこの件を伝えたたえるものであります。

大王は読書・学習がお好みでなく遊びを愛され、ご自身の放縦がすぎるのではないでしょうか。大王は、一日中車馬とともにし、馳せてとどまることなく、口は怒鳴り散らして叫び、手は鞭や手綱を持って痛み、身体は車馬の揺れにより疲れはてておられます。朝は霧や露にあたり、昼は塵や埃をかぶることになりましょう。夏は過酷な暑気にあぶられ、冬には骨に刺さる

昌邑王劉賀は危険や刺激を喜び、あたかも現在の走り屋のように、ひとたび車馬に乗ると夢中になり、馬にむちあて奔走せずにはいられなかった。

ほどの寒気のために身体を侵されてしまいます。一国の君として、つねに柔弱な玉体をもってかような苦痛をどうしてお受けなさるのでしょうか。これは養生益寿の方法ではなく、仁義の性を修養する道でもありますまい。

　広く明るい王宮のなか、美しく華麗な絨毯の上で、すぐれた教師が前面で心をこめて教《きょう》誨《かい》し、学生は後面で勤勉に苦読し、意欲的に堯《ぎょう》・舜《しゅん》の旧事、商（殷）・周の盛衰について談じ、仁聖先王の風範《ふうはん》について考え、治国安民の方法について学び、悠然と自ら感じ、発憤して食事も忘れ、絶えず道徳修養を完全なものとする、これはそれ自体が楽しみであり、車を駕し馬を馭し四方に遊びに出かけることがこれとくらべうるものになりましょうか。休息のとき、俯《ふ》仰《ぎょう》屈伸して形体の筋絡《きんらく》を活動させ、二本の足による歩行を進めて足腰を鍛え、古きを吐き出し新しきを採り入れて五臓六腑に染み渡らせ、心を専らにし志をもって精神を養うのであります。かくのごとき養生は、長寿でないことを恐れるものになりましょうか。大王がもし誠心誠意これにもとづきことをおこなうのでありましたら、堯・舜のごとき志を胸に懐《いだ》き、かつ王子喬・赤松子のごとき長寿を体得し、大王の名声は広汎に伝わり、皇上の知るところともなりましょう。かようにすれば、大王の福禄ともにそなわり国家が安定することとなりましょう。

　当今の皇上（漢の昭帝）は仁徳聖明にして、先帝（漢の武帝）がお隠れになって以来、かのお方は今にいたるまで思慕してやまず、離宮別館・園池苑囿《えんゆう》への行幸および出遊狩猟等の玩楽についてはもとより足を踏み入れることはありません。大王はすぐに刻銘にこれらのことを記し、聖意を身をもって察するべきでありましょう。各々の諸侯の骨肉のなかで、だれひとりとして大王と皇上の関係より近しいお方はなく、親縁の関係からみれば大王は子輩であり、君臣の関係からみれば大王は人臣であり、大王は一身にこれら二重の責任を負われるのであります。このようなお立場におられる以上は、恩を施し義をおこなうに少しでも周到でないところがあれば、皇上の知るところとなり、社《しゃ》稷江山《しょくこうざん》を継承するについて、よきところがひとつでもありましょうか？大王には明察されんことを願うばかりです。②

　王吉の諫書は、漢代の儒者らしく下から上に勧めるというスタイルにしたがっている。経典に依拠し、傍証をひろく引用し、誇張して付会《ふかい》し、順序だてて誘導する。彼は劉賀が半日に二百里を駆けたという一事をとりあげ、議論をエスカレートさせ、厳しくも丁寧であり、直に過失を述べながらも方向を明らかにしており、まことに老婆心からの苦言であったというべきであろう。

　劉賀には金持ちの馬鹿息子のようなところがあり、史書は彼について「道に遵《したが》わず」、すなわち正道を守らなかったと伝えているが、王吉のように才徳兼ね備え、実務をよくする人を敬重礼遇すべきであることは理解していた。まして王吉の諫書は、本当に彼の心を打ち動かしたにちがいない、一時的に頭脳が発熱しつつも、厳然として自らこれを換骨奪胎し、感情をおさえきれずに部下に対して「私の品行修養は怠惰のところをなくすことはできないが、中尉王吉は忠誠心があり、私の過失を正すこと多く、嘉《か》賞すべきである」といった。こののち、人を派遣して王吉に牛肉五百斤・酒五石・干肉五束を賜与させたという。

　これにより、劉賀がけっして事理《じり》に不明な人物であったわけではなく、自己の過失に対して認識するところがありながらも、長い間に培われた習慣のため、誤りを悟っても改めることができなかったことがうかがえる。しばらくして彼はまた原点に回帰してしまい、放縦の生活を継続した。王吉は自然と理によって諫争《かんそう》することが多くなったが、彼のこうした「堯・舜の志」の大いなる道理は、劉賀の心を動かすにはいたらなかった。これはあたかも現代の父母が、勉強を好まないひとりっ子を教育するにあたり、成績が優れただれそれのことをいい、いえばいうほど、彼らがかえって強く反発するというのに似ている。

　王吉の諫言のスタイルとはやや異なるのが郎中令龔遂である。

『漢書』において龔遂は「循吏《じゅんり》伝」に列せられており、彼は「忠厚な人柄で、剛強果敢にして、節操に関する問題にはもとより曖昧な態度をとらず、内に対しては国王を諫め、外に対しては太傅・相国を叱責し、すべて経典に依拠しており、禍福得失を痛烈に述べ、激動の時代を講ずるに際しては、涙を流して哭泣《こっきゅう》した」と伝えられている。彼は王宮禁衛の首領であり、劉賀と接触することが比較的多く、劉賀の生活習慣・性格愛好、ひいては起居・勤務・休息について、掌《たなごころ》を指すがごとく熟知していた。そのため、彼の王に対する諫言は直截的であり、諫書を用いることなく、いつ何時でも相手に媚びることなく、その場で言上することができた。用事があってもところかまわず、公衆の面前においても劉賀の過誤を責めたから、劉賀は大いに狼狽し、両耳を覆って身を起こして逃げ、走りながら「郎中令は人を辱《はずかし》めすぎる」といったという。ゆえに、昌邑国においては、劉賀以下各級の官僚にいたるまで、だれひとりとして彼を畏敬しないものはなかった。

　龔遂の諫言は策略を重んずるところがあり、ことによって異なり、正面で指導しつつ、側面からも突き、高尚な言葉で忠告し、ひいてはことにかこつけて脅迫するなど、なんでもおこなった。

　劉賀は藩王という貴い身分ではあるものの、「群衆」と一緒に行動することを好んだ。ある日、劉賀は車駕をあつかい馬を養う奴僕と料理担当の下人を呼びつけ、王宮内で飲食や遊びをおこない、酒興に乗じて、少しの理由もないのにいたずらに賞賜《しょうし》を行った。宴もたけなわとなったとき、忽然《こつぜん》と龔遂が宮に入り謁見を求めた。彼が地上にひざまずき、哭泣しながら膝ではって進むのをみて、劉賀の左右の侍従も感動し涙を流さない者はなかった。劉賀も大いに驚き、「郎中令はなぜ泣いているのか？」と問うた。龔遂は答えた、「私は国家の危亡《きぼう》のために痛惜《つうせき》しているのです。大王がお時間を割き、臣の意見をお聞き届けいただければ幸いです」と。

　昌邑王は手を払い、左右の侍従に退くよう合図した。龔遂は厳粛に問うた。「大王はかつての膠西王《こうせいおう》がどうして悪事の限りを尽くして国を滅ぼすにいたったかご存じですか？」劉賀は「知らない」と答えた。龔遂はいう、「ならばお教えしましょう。膠西王には侯得という、ごますりの臣下がおり、膠西王の振舞いは桀《けつ》・紂《ちゅう》に匹敵しましたが、しかし侯得は彼を堯・舜と同様であると賞賛しました。膠西王は彼の甘言蜜語を愛好し、彼を忠臣とみなし、ひいては彼と寝起きをともにしておりました。最後にはどうなったでしょうか？七国の反乱に参加し、身は死して国は滅ぶところにまで落ちぶれました。今の大王の身近にいる小人のごときは、各種の悪習に染まり、とても危険であり、慎まないわけには参りません。私が経術に通じ、品行ある侍従の郎官を選び大王とともにさせますゆえ、日頃は『詩経』や『書経』を読み、礼儀について熟知されることをお願いいたします。こうすれば大王にとりましても利点がございましょう」と。この話ははたして功を奏し、劉賀は欣然として同意し、龔遂が推薦した張安ら十名の郎中を受け入れた。しかし思いのほかこのときもすぐに熱は冷め、数日も過ぎないうちに、張安らを王宮から閉め出してしまった。

龔遂が施すべき手段がないとみていたとき、昌邑王宮では怪奇現象が立て続けに発生した。

話によれば、あるとき怪しげな模様のある、高さ三尺（約七〇センチ）で、首より下は人間のような大きな白犬が王宮に乱入し、この犬は方山冠（宗廟における祭祀の際に楽工・舞女がかぶるもの）をかぶり、尾がなかったという。劉賀はこれが何を意味するのか龔遂に質問した。

龔遂は声にやや神秘さを込めながらいった。「これは天帝からの戒めであり、大王に警告しております。大王の身近の人びとは実際には冠をかぶった犬なのです。急ぎ彼らを追放しなければ、大王の王位は保ちがたくなりましょう」。

どうやら龔遂の話は本当に劉賀をおびえさせ、彼の意識を朦朧とさせてしまったらしい。大きな白犬の余韻がまだ消えないうちに、だれかが驚いて「熊だ！」と叫ぶ声がかすかに聞こえた。劉賀がみると、はたして大きな熊がいた。しかし左右の侍従にはこれがみえなかった。劉賀は恐れを抱き、龔遂に聞いた。龔遂は立て続けにため息をついていった。「熊とは、もともと山林の野獣ですが、王宮にやってきたのであり、かつ大王だけがこれをご覧になったのであります。これは上天が大王を戒め、王宮が野原に戻ってしまうことを恐れたものであり、亡国の兆しであります」。

劉賀は天を仰いだ。「不祥のものばかりがどうして私にまとわりつくのであろうか」。龔遂は叩頭《こうとう》していった。「臣が国家の危亡にかかわる忠告をしてきたにもかかわらず、大王がお聞きにならなかったためであります。当然これではどうにもならず、臣下がいくら話しても国家に影響することがありましょうか？　大王がよく考えられることを希望いたします。大王が『詩経』をお読みになれば、そのなかにいかに振る舞い、いかに国を治めるかの道理が明確に語られておりますが、大王の振舞いは『詩経』の説くところとはまったく異なっています。大王は藩王であるにもかかわらず、そのおこないは普通の百姓以下です。このままではたいへん危険であり、反省なさるべきでありましょう」。

それからまもなくして不思議なことがおこった。劉賀の王宮が血で汚されたのである。劉賀は緊張し、龔遂を呼んで問うた。龔遂は一見してさけび、「よくないことです。妖異や凶兆がたびたびあらわれ、王宮がこのために空となることを示しております。血で王座を汚すことは、内心で憂慮していることの象徴です。この状況にいたっては、慎み戒め、ご自身について考え直さねばなりませぬ」。

あるとき怪しげな模様のある、大きな白犬が王宮に乱入し、劉賀は郎中令龔遂にこれが吉凶のいずれを示すのかを問うた。龔遂はいった。「これは天帝からの戒めであり、大王に警告しております。大王の身近の人びとは実際には冠をかぶった犬なのです。」

龍・虎・鳳の透かし彫り文様をもつ韘形佩《しょうけいはい》
（主槨室東室南部より出土）

しかし時間がたつと、劉賀はそのわけを忘れ、以前の態度が再びあらわれてしまうのであった。

　このようにみてくると、劉賀はつぎのような人物であったのだろう。武帝の皇孫、昭帝の甥、第二代昌邑王であり、儒家の経書を読み、深い理解をもとめることはなかったが、是非を区別することはでき、根本的な誤りは犯さなかった。その個性はつよく、勝手気ままであり、自らの好むことだけをおこない、このために自身にたいする毀誉《きよ》を顧みなかった。臣下との関係は打ち解け合っており、諫臣の発言は重く受けとめ、また耐えてよくきいた。ひいては奴僕下人まで遊び相手としており、「君は君たらず、臣は臣たらず」の典型例であった。身体も弱かったが、これには遺伝性の疾患の可能性があり、したがって王吉はその諫書において、彼に心を修め志を立てることを勧めただけではなく、身体を養うことを大いに語ったのである。もし皇帝に擁立されるのでなければ、彼の昌邑王としての生涯は快適なものとして続いていったであろう。

　王吉・龔遂は絶対的な昌邑国の忠臣であり、また政治的な頭脳であって、朝廷の動向、皇宮の内情や諸王の状態に対して強い関心を抱き、ひいては皇帝のプライバシー、たとえば昭帝の健康状態などにも探りを入れていたのである。そうでなければ、どうして王吉が暗に劉賀に昭帝の後継者となることをさとすなどということがあろうか？　昭帝と劉賀が皇帝としては前後二代の関係にあっても、年齢にそれほどの差がなかったことがうかがえよう。ゆえに、種々の徴候があらわしているように、劉賀は快楽な国王たらんとしていただけで、皇帝になろうなどという意志は毛頭なかったのである。しかし王吉・龔遂は皇帝の基準をもって彼に要求し、彼を模範的な人物にしようとしたのであり、ゆえに労を厭わず繰り返し諫め、ややもすれば「堯・舜の志」に誘導し、「社稷の危亡」と威嚇し、ひいてはたびたびひざまずき、泣き、驚きさけぶなどの「パフォーマンス」を織り込んだ。正面からの教育に効果がなければ、他の手段を弄した。『漢書』に描写されている種々の怪異現象は、真実に属するのであったとしても、「天災」でなかったことは違いなく、「人禍」であり、この「犯罪」の嫌疑は当然ながら郎中令龔遂に帰する。彼は経術に精通し、当時盛んであった「天人感応」説にも通じ、「災異」にかこつけて人事を解読することに長けていた。彼はまた王宮の安全を請け負う近衛官であり、宮殿を自由に出入りすることができた。彼はさらに地位の高い人も低い人も驚くほどの鉄仮面の官僚であった。そのため、龔遂は王宮において小細工を弄し、たとえば大きな白犬をあやつり、豚・犬の血を王座にかけるなど、これらは造作なくできることであった。

　実際には、今日の我々としては、王吉・龔遂の劉賀に対する行動は、少しの疑問もなく、臣下としての責務を尽くしたものと判断すべきではあろう。しかし君主専制の時代、とりわけ七国の反乱後において、諸侯王としての劉賀は、もし真に彼らの要求にしたがうのであれば、換骨奪胎して「堯・舜の志」をそなえた少年藩王となり、臣下や民衆の推戴を受けたであろうが、それがよかったかどうかはわからない。ゆえに、王吉・龔遂の目には、劉賀は救いようのない汚泥に映り、つける薬はなかった。しかし劉賀の行為は、かえって彼が一度は皇帝となる条件のひとつとなったのである。

当然、劉賀が皇帝となりえた所以については、状況が複雑であり、突発的な要因も多く、もし漢の武帝の晩年に発生した「巫蠱《ふこ》の禍」がなく、劉賀の大伯父である衛太子劉拠が正常に即位したのであれば、霍光による輔政・専権などはなく、劉賀の叔父である劉弗陵（漢の昭帝）の寿命が短くなったり、皇位が彼に回ってくるようなことはなかったであろう。

しかしながら、この災禍・不幸が発生してしまうのである……

漆奩《れん》（西蔵櫛娯楽用具庫より出土）

本文注

① 本書の主要史料には（前漢）班固『漢書』（中華書局、一九六二年）、（北宋）司馬光『資治通鑑』「漢紀」（中華書局、一九五六年）を使用した。〔訳注〕歌は本書の著者訳による。

② 『漢書』巻七十二「王吉伝」許嘉璐主編、二十四史全訳『漢書』第三冊（漢語大詞典出版社、二〇〇四年）

# 二、揺れる皇宮

漢の武帝は、傑出した才知と大きな志をもつ人物であった。大なたを振るって内政を整え、皇帝権を強化する一方、勢い盛んに四方を征伐し、支配領域を拡大した。在位五十四年、武功は烈々たるものであり、大漢帝国はその統治により最盛期を迎えるにいたった。

　しかしながら、武帝の成功は民衆の犠牲と引き替えに得られたものでもあった。長年にわたり遠征を続け、休むことなく宮室を修築し、陵墓を建設し、道路を整備し、水路を開鑿したのであり、苛《か》斂《れん》誅《ちゅう》求《きゅう》のもと一般の人びとは重い負担に耐えられず、生活はますます悪くなり、流民が続出し、「盗賊」も横行した。社会的な不安定要因は日増しに統治秩序に打撃をあたえた。武帝の高圧的な政策のもとで、官僚の暮らしも好ましからざるものとなっていった。とりわけ朝廷の大官は、ややもすれば命さえも落としかねず、武帝時代の十人あまりの宰相のうち七～八割は不幸な最期をとげ、文臣・武将には自殺して身を滅ぼす者も少なくはなく、そうしたことがこの時期には頻繁に起こっていた。

「昌邑」の銘をもつ青銅豆形灯（北蔵槨中部楽器庫より出土）

　皇室内部における政争も、武帝の盛世に暗い影を落としていった。災いは内部から発生するものであり、歴朝歴代、免れることは難しかったが、武帝時代は不断に高まりをみせる内紛の時期であり、それ以前にはほとんどみられないものであった。そして皇室家族はこれによって崩壊に陥ることとなった。

## 1　禍《わざわい》　巫蠱《ふこ》より起こる

　いわゆる「巫蠱」とは、呪詛《じゅそ》して人に危害を加える巫術を指す。一説によれば、この巫術はことばや顔色に出さず人間の霊魂をコントロールあるいは摂取し、呪詛された人間に災難をもたらし、ひいては死にいたらしめることができるという。具体的には、桐の木で小さな人形をつくり、上に呪詛の対象となる人物の名前や生まれ年の干支などを記し、それを地中に埋め、さらに巫師により呪詛がおこなわれるという方法をとる。この巫術は匈奴等の北方民族に淵源を発し、前漢においては、社会階層の高低にかかわらず、この巫術を信ずる人びとは多く、皇帝や官僚といった人びとの間でさえも、自分とは合わない人物を、「巫蠱」によって排斥する

竇太后の後押しにより、武帝の皇后陳阿嬌もさらに怖いもの知らずとなり、よりいっそう横暴でわがままとなった。

ということが常々おこなわれた。そのため、首都長安ないしその宮殿においても、かつて一度「巫蠱」の恐怖の影が立ちこめたことがあった。

前漢の「巫蠱の禍」が最初に発生したのは元光五年（前一三〇年）のことである。ことのおこりは武帝の若いころにおける婚姻とかかわっている。

漢の武帝劉徹は景帝と王美人の子であり、四歳のときに膠東《こうとう》王に封ぜられた。七歳のとき、景帝の姉である館陶長公主の支援をえて皇太子となり、王美人も皇后に昇格した。この恩情に報いるために、武帝は長公主の娘である陳《ちん》阿《あ》嬌《きょう》を娶《めと》って皇太子妃とした。すなわち、武帝と阿嬌の婚姻は、近親婚であり、また年長者が強引に決めた婚姻であった。のちにその婚姻は決裂するが、その伏線はすでに張られていた。

阿嬌の出身身分は高く、その曽祖父は前漢建国の功臣である堂邑《どうゆう》侯陳嬰《ちんえい》であり、また皇室との血縁関係をも有し、外祖母は文帝の竇《とう》皇后であって、幼いときより高貴な家庭に育って贅沢に暮らし、性格は粗暴で冷酷であったため、武帝は彼女を好んではいなかった。景帝後元三年（前一四一年）、武帝が皇帝に即位したとき、年齢はわずかに十六歳であった。竇太后は依然として健在であり、彼女が太皇太后との尊称を受け、朝政への関与を継続した。武帝は年若く、すべて祖母の竇太后にしたがった。そのため、阿嬌は順調に皇后となり、史上では陳皇后と称される。

竇太后の後押しにより、陳皇后もさらに怖いもの知らずとなり、よりいっそう横暴でわがままとなった。武帝は竇太后の圧力に押されつつも耐えるしかなかった。こうした日々は六年もの長きにわたって継続し、建元六年（前一三五年）、ついにそのときを迎えた。この年の五月、竇太后が亡くなり、武帝は完全なる親政と、「自由」な恋愛・婚姻生活とを開始した。元光年間（前一三四〜前一二九年）には、姉である平陽公主の引き合わせによって、低い身分の出身である衛子夫が武帝の生活に進み入り、あわせて寵愛を受けるようになった。このことは出身身分が高貴である陳皇后の嫉妬心を爆発させ、烈火のごとく怒らせることとなり、彼女は衛子夫を死地に追い込むよう策略をめぐらせ、最後には「巫蠱」の邪術を用いてしまった。一説によれば、陳皇后は楚服《そふく》という巫女たちを招き、何回も邪悪な巫術をもって呪詛して衛子夫を殺害しようとしたという。しかしことは発覚してしまい、告発されてしまったのである。

知らせを受けた武帝は怒り、徹底的に追究することを決意し、この機会を利用し、かねてから思い描いていた宮中の大粛清を行った。本来は皇室内部におけるふたりの女性の間に発生した焼き餅事件を、政治上の大事とし、竇太后の残した宮中内部の勢力に矛先を向けたのである。

元光五年（前一三〇年）、武帝は侍御史張湯に命じて陳皇后の「巫蠱」事件の調査を主導させた。張湯は漢代における著名な事件処理の名手であり、また皇帝の意図を最もよく忖度《そんたく》できる人物であった。彼は命令を受けたあと、この件に関係する人物たちを徹底調査した。結果、楚服が斬首されて公衆にさらされただけではなく、ほかに連座して死んだ人物が三百人あまりの多きに達した。これと同時に、武帝は人を派遣して陳皇后の廃黜《はいちゅつ》を宣布させ、冷宮——長門宮に押しこんだ。①

第一次「巫蠱の獄」はこうして幕を閉じた。

「巫蠱」自体は殺傷能力をそなえてはいなかったが、「巫蠱」にかこつけて大獄を引き起こし、事態が拡大し続け、広範囲の処罰にいたったというべきであろう。この「巫蠱」事件において、武帝は陳皇后を廃しただけではなく、さらにこれを太后の残党を始末する口実としたのである。これにより、武帝は少しの拘束もなく皇帝権を行使することができるようになり、また堂々と「自由」恋愛をおこなうことができるようになった。

こうした状態が四十年近く継続し、武帝の晩年にあたる征和二年（前九一年）にいたって、「巫蠱」の影が再び皇宮に降臨し、荒波を引きおこし、ひいては首都における大戦までも引きおこし、武帝をほとんど窮地に立たせることとなる。

## 2 公孫賀の冤罪

今回の「巫蠱の禍」は猛威を振るい、最初に犠牲になったのは当時をときめいていた公孫家であった。

公孫家の栄華は主として公孫賀によってもたらされた。

公孫賀の出身地は北地郡義渠県（現在の甘粛省慶陽県南西）であり、その先祖は北方の胡人であった。父の公孫渾邪《こんや》②は典属国・隴西《ろうせい》太守を歴任し、景帝が七国の乱を平定した際に輝かしい戦功をあげ、平曲侯に封ぜられた。彼は父の業を受け継ぎ、武人として過ごし、匈奴との戦争においても多く武功を立てたのであり、漢代における名将の一人に数えられる。だが、よくあることで、公孫賀が寵愛を受け権勢をえたことは主に戦功によるものではなく、交遊・閨閥関係に由来するものであった。父親の影響と自身の努力は彼が官界に入り俸禄・地位をえるための土台にすぎず、真に上層に食い入り貴族となるかどうかについては、さらに皇帝との関係が必要であった。

青磁双系罐《かん》（東蔵榔厨具庫より出土）

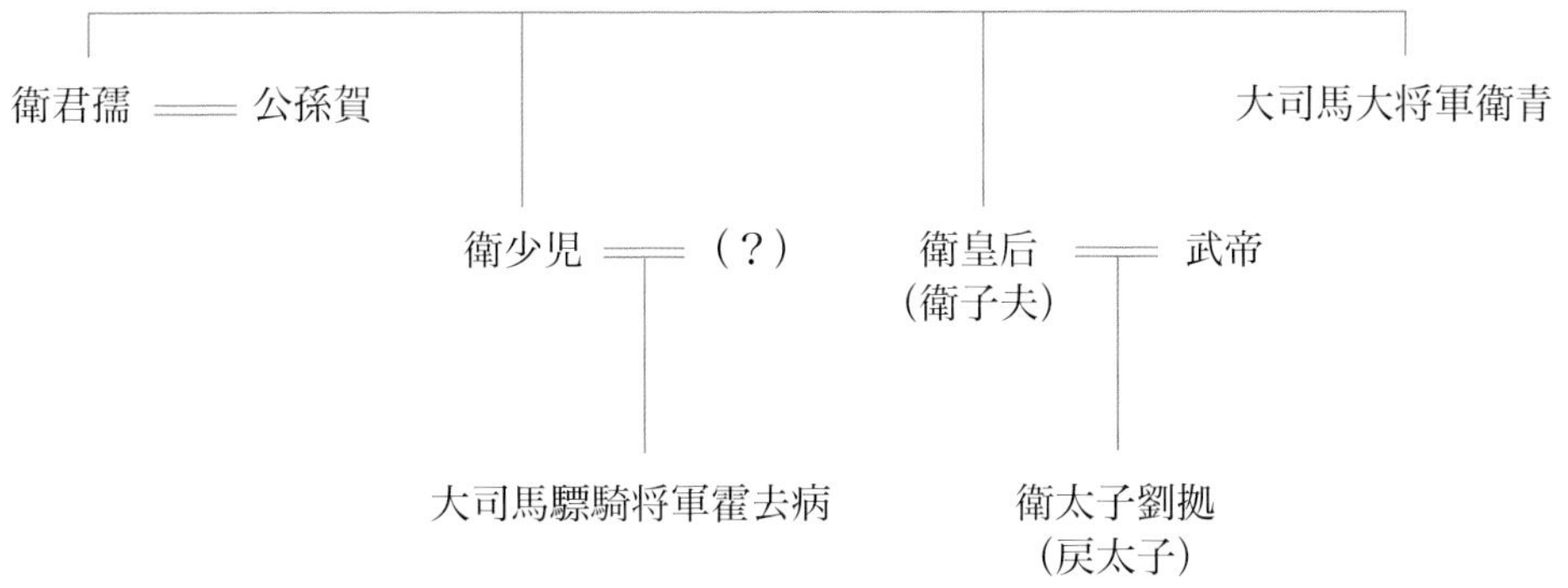


公孫賀は武帝のふるい部下であり、はやくも武帝が太子に立てられたときに、選ばれて太子舎人となり、武帝の成長を見守る身辺警護の衛士となった。武帝は即位後、しだいに自らの腹心を起用するようになり、公孫賀はエリートコースを歩むこととなり、天子出行の際に用いる車馬を管理する太僕《たいぼく》に抜擢されている。太僕は皇帝の内侍という性質をもつ官職であるが、三公の下、九卿のひとつに数えられる高官であった。とくに武帝が衛子夫を寵愛するようになって以後、詔により公孫賀に衛夫人の長姉である衛君孺《えいくんじゅ》と結婚させ、正式に皇室家族の一員となった。かれと衛家との人間関係は上の系図ようになった。

確実にいえるのは、公孫家の発展が元朔元年（前一二八年）より始まるということである。この年、太子劉拠が生まれ、衛夫人は昇格して衛皇后となった。これより以後、武帝が行幸・遊猟をおこなう際には、つねに公孫賀が帝の車を馭し、衛青が部下を率いて護衛をつとめた。太初二年（前一〇三年）のある日、武帝は十番目の丞相石慶が病逝し、丞相の地位が空いたことにより、公孫賀を後任に据えようと考えた。

公孫賀はこれを聞くと、にわかに地にひれ伏して、丞相の印綬を受けようとせず、頓首し哭泣しながらいった。「私はもともと辺境における見識の浅い人間に過ぎず、敵陣に突撃することが私の本分であり、それでようやく官をえましたが、私の才能は丞相の重責に堪えられるものではありません」。公孫賀が誠意を吐露したことは、左右の大臣に深い感銘を与え、みな思わず涙を流していた。武帝さえも目に涙をたたえ、手を振り、「早く丞相を抱き起こすがよい」といった。しかし、公孫賀は地に突っ伏したまま起き上がろうとしなかった。武帝は不興をかくさず、言葉すくなに立ち去った。公孫賀はやむをえず、任命を引き受けるしかなかった。

公孫賀の行動は左右の大臣にとって理解に苦しむことであった。なぜなら、丞相とは「天子を丞《たす》くるを掌《つかさど》り、万機を理《おさ》むるを助く」といわれる「三公」の首席、百官の長である。それをなぜどうしても引き受けようとしなかったのか？これに対する公孫賀のいいわけは、「皇上は賢明にして、私の才能では丞相の重任を担当することはできず、それにより重責を担い、以後危険となることをおそれる」というものであった。この話は単純にみえるが、事実として君主専制時代の皇帝権と丞相権の対立か、一体化かという重大で微妙な力学をあらわにしている。

皇帝の関心は皇帝権にあり、可能であれば、彼はすべての権力を自らの手に集中させ、すべての政務を自ら処理したいと考えていた。しかし、賢明にして政治につとめる皇帝でも、精力・知力ともに限りがあり、百官臣僚の助けを受ける必要が生じ、ここで百官を統領し、朝政を総攬《そうらん》する丞相が必要となるのである。丞相は、その地位は尊く権力は重く、皇帝権に対する脅威となりえる。それゆえに皇帝は不安を抱き、さまざまな手段によって丞相権力の制限・削減をおこなったのである。公孫賀は長きにわたって武帝の左右で侍従をつとめ、武帝の性格や手法、個人的な好悪について知り尽くしていた。たとえば武帝は丞相権力を制約するため、宮中の組織を大きく改変し、尚書・侍中・常侍等の秘書により構成される「中朝」（あるいは「内朝」とも称される）を組織し、これを皇帝自らコントロールするとともに一切の方針・大政を決する機構とし、あわせて衛青・霍去病《かくきょへい》らの皇親・外戚に大司馬・大将軍の称号を加えることで、中央の政策決定に参与させた。丞相をトップとする三公九卿およびその他の機構は、「中朝」に対して「外朝」と呼ばれ、丞相は政策決定とは無縁であり、百官を総領し、命を奉じて執行するだけであった。そのため、丞相は割の合わない地位にあり、仕事が成功すれば、それは天子の政策が英明であったとされ、いったん失敗すると、それは丞相の仕事が悪かったためとされるのであり、軽いケースでは免官され、重いケースでは獄に下されて、死にいたることさえあった。とりわけ武帝の後期において、連年の戦争や大土木工事により引き起こされた社会問題は次第に深刻化し、公卿・百官に対する監督・処罰も次第に厳しくなっていった。公孫賀以前の四人の丞相、すなわち李蔡《りさい》・厳青翟《げんせいてき》・趙周・石慶のうち、ただ石慶のみ恭謙にしてなすところがなかったために丞相の身分で老死したが、その他の三名はほとんど決まりごとのように、罪をえて獄に下り、自殺して身を滅ぼしている。

三子奩《さんしれん》（西蔵槨娯楽用具庫より出土）

こうした過酷な政治環境のもと、丞相の職は手を焼くサツマイモのようであり、それを武帝が公孫賀の口にねじ込んだのに、公孫賀が涙を流さないわけがあろうか？　さらに不幸なことに、十一年後、彼の憂慮はついに事実に変じてしまうのである。

公孫賀には公孫敬声という名の子がおり、親の七光りから父親に代わって太僕に就任した。

公孫敬声は自身が衛皇后の義理の甥であることもあり、立振舞いは驕慢奢侈《きょうまんしゃし》であり、法を守らず、九卿の地位にのぼって以降はますます図に乗った。征和元年（前九二年）、なんと職権を濫用し、ほしいままに北軍の軍費一九〇〇万銭を私用に使ったことが発覚したのちに逮捕され獄に下された。もとより罪は敬声ひとりにあり、罪を認めて法に服し、不正な金を返せば、あるいは外戚の身分を利用して死罪を免れることができたかもしれない。たとえ武帝の執法が厳しかったとしても、せいぜい敬声一人が法に伏するくらいで、一家全員が連座することはなかったであろう。しかし公孫賀が子を救おうとする心たるや切であり、それが事態をよりいっそう複雑化させ、結果として天をも驚かすほどの災難を招来してしまったのである。

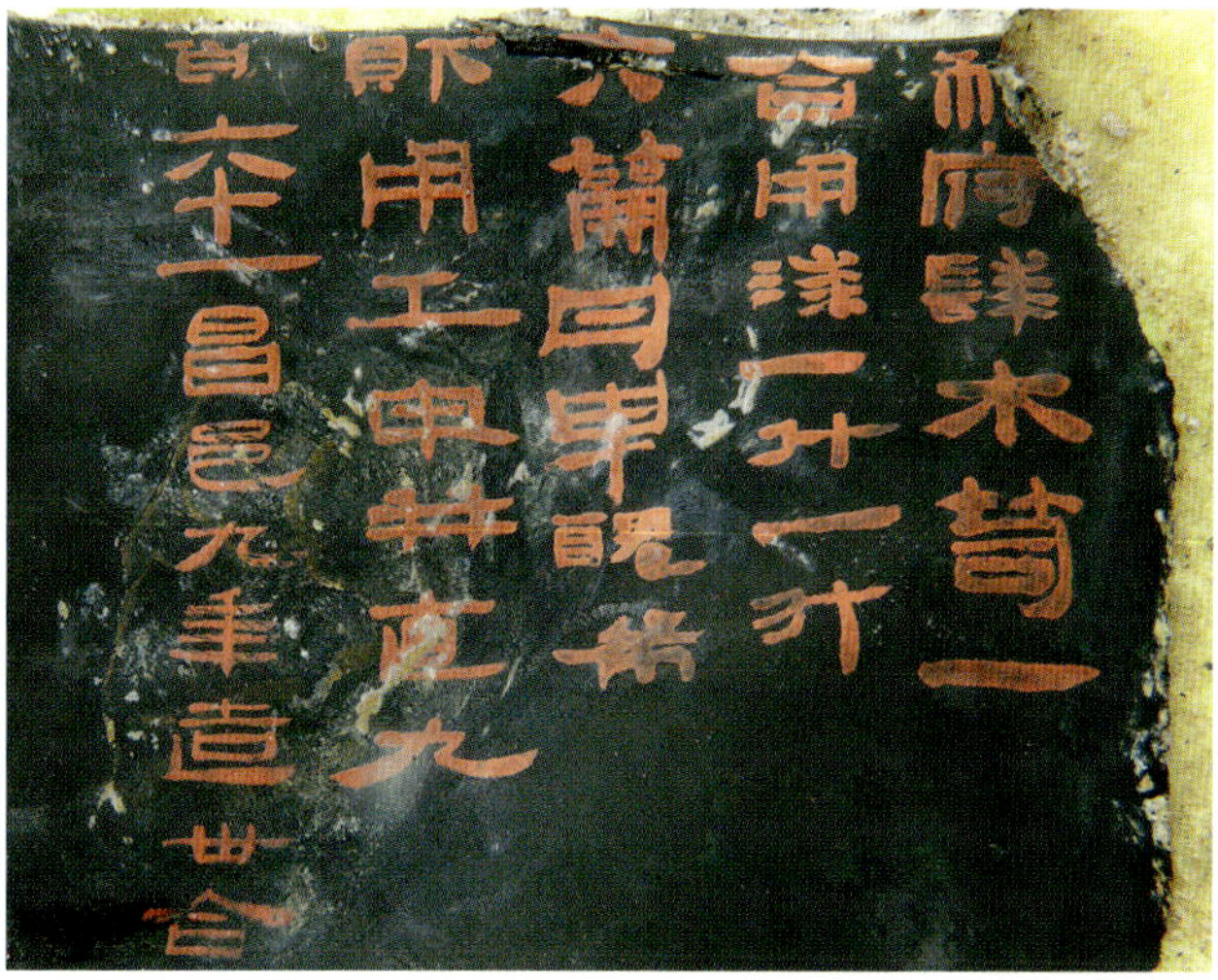

「昌邑九年」とある漆笥《しっし》の文字（西藏槨衣笥庫より出土）

　そのとき、武帝は詔《みことのり》を下して陽陵の人、朱安世を逮捕しようとしたが、時間がかかるばかりで遅々として解決することができず、焦っていた。公孫賀は機をみて命を請い、自ら出馬して朱安世を逮捕し、公孫敬声のために罪を贖おうとした。事件解決に向けた武帝の意志は固く、公孫賀はその要求に答えたのである。まもなく朱安世の逮捕はついに成功し、公孫賀はやっと一安心した。しかしながら、ことはこれで収束しなかった。

　もともと朱安世は、決して一般的な犯罪者などではなかった。『漢書』「公孫賀伝」には、「安世なる者は、京城の大侠なり」とある。結局なんの罪を犯したのか、知るよしもないが、しかし武帝がとくに詔を下し逮捕したという行動と、その切迫した心情から察するに、この人の背景に大物がおり、朝廷の機密あるいは宮中でのプライバシーが関係していたのであろう。こうした人物は往々にして見識があり、はかりごとに長けている。ゆえに、公孫賀が子の贖罪をしたがっていると知ったとき、朱安世は笑いがこみ上げ、「公孫丞相の災難は大きい、宗族までも巻き添えに……」といったのである。その後、獄中から上書し、公孫敬声のふたつの罪を告発した。ひとつは武帝と衛皇后の娘である陽石公主と密通したことであり、ふたつには巫師に甘泉宮の馳道《ちどう》の下に人形を埋めさせ、おぞましい言葉で皇上を呪詛したことである。ふたつとも重罪であるが、とりわけふたつ目の罪は、公孫賀だけではなく、その家族全員に累がおよぶものであり、公孫賀の子を救わんとする行動は、こともあろうに疑獄事件に変じてしまうのである。

　征和二年（前九一年）春正月、武帝は命令を下して公孫賀を逮捕・徹底調査し、正式の詔を奉じて朱安世を逮捕した件も「詐為詔書（詔書の偽造）」とされてしまい、結果父子はともども獄中死し、公孫家は家財を没収され、一族みな斬首された。

　この「巫蠱の禍」は朱安世の誣告《ぶこく》に端を発したが、公孫家の破滅によって終わりを告げたのではなく、その後の事態の進展はバタフライ効果のように、騒げば騒ぐほど大きくなり、公主・皇后や皇太子までもが次から次へと巻き込まれていくこととなる。

　前漢史上の皇室大危機が発生するのである。

### 3　太子の受難

漢の武帝は、はやくに結婚しながら子供が生まれるのは遅かった。元朔元年（前一二八年）、衛子夫は彼のために最初の男の子を生み、劉《りゅう》拠《きょ》と名づけた。このとき武帝はすでに二十九歳であった。衛子夫は「母 子を以て貴」くなり、皇后に冊立《さくりつ》され、劉拠もまた「子 母を以て貴」くなり、庶長子から嫡長子となった。元狩元年（前一二二年）、わずか七歳の劉拠は皇太子に立てられた。

武帝は遅れて生まれた皇太子に対して厚い望みを託し、教育が厳しく、慎み深い沛郡太守石慶に太子太傅をわざわざ担当させ、また徳望の高い文学の士に太子の輔導と経書の学習をおこなわせた。太子が二十歳のとき、長安城の南において彼のために園林を築き、「博望苑」と命名し、専ら太子が賓客と交際する用に供し、ひいては太子が自身の趣味に興ずるのを許した。一時的に、博望苑には賓客の往来が絶えず、幾人かの、各種の学説を抱き主流の思想とは合わない人物がしきりに太子の門下に馳せ参じた。武帝は普段は百官臣僚や藩王が賓客と交際することに反感を抱いており、儒学以外の学説を異端の邪説とみなしていたが、太子のこうした「違逆《いぎゃく》」にはかえって関与しなかった。

太子は幼い頃より儒学の薫陶を受け、性格は仁慈寛厚《じんじかんこう》、温和謹慎であり、武帝のやり方には

武帝は太子劉拠の成年時に彼のために長安城の南において園林を築き、賓客と交際する用に供した。

賛同せず、それに反した行動をとりさえもした。武帝が法を厳しく用い、酷吏を多用すれば、太子は人を寛容に待遇し、処罰が重すぎると判断すればその人物の罰を軽減した。武帝が頻繁に軍事遠征をおこなえば、太子はいつも制止した……父子の性格・態度は異なり、施政理念にも差違があり、それが太子に一定の心理的圧力をあたえていた。朝廷の大臣もこのために親太子派・反太子派にわかれることとなった。寛仁忠厚で年齢の比較的高いものは太子につき、法を用いること厳しく、お上の意を受けるのをよくする執法官吏は太子を非難した。ここで重要なのは、これらの日和見主義的な朝臣が、将来太子が皇帝に即位した際に自身が不利な状況におちいることを恐れたことで、彼らは大々的に派閥を形成して宮中の宦官と結託し、そのため武帝の面前で太子のために話す人は少なくなり、故意に彼を謗《そし》る人はかえって多くなった。

帝制の時代において、太子の地位は母后の命運と一心同体であった。月日の流れにより、衛皇后は次第に年老い容色は衰え、武帝がのちに寵愛した幾人かの夫人が前後四人の皇子を生んだため、衛皇后と太子に対する寵愛もじょじょに冷めていった。とりわけ元封五年（前一〇六年）に大司馬大将軍衛青が亡くなって以降は、

太子に反対していた人びとは太子の叔父が倒れたとみて、さらに頻繁に活動し、ひそかに太子の過失を探り、誇張気味に武帝に讒言《ざんげん》をおこない、あらゆる機会を利用して太子を陥れようとした。

しかし、征和二年（前九一年）にいたるまでの三十年あまりは、劉拠の太子としての地位は動揺することがなかった。彼が刑罰を軽減して父である皇帝から罪を問われ、災いをこうむることを衛皇后が心配していたとき、武帝はかえって彼のおこないを賞賛した。彼が父の遠征を制止したときには、「吾 其の労に当たり、逸《いつ》を以て汝に遺《のこ》すも、亦《また》可ならざるか（苦しい重任は朕《ちん》が担当し、気楽な後始末をお前に託すのだ、それでよくはないか?）」といっている。その原因を追究すると、太子と皇后のおとなしく、慎み深くことにあたるという性格の面にあろうが、しかしさらに重要なのは、武帝の深謀遠慮にあった。

武帝は太子の寛仁の性格や温和な態度に対してそれほど満足していたわけではなく、胆力に欠け、自分のように頭がよくやり手ではないことを嫌っていた。しかし同時に武帝は太子の長所をも見抜いており、この子がしっかりと自分の意見をもち、自身が正しいと判断したことは誰にも曲げることはできないとも考えていた。とくに彼が主張する徳政が現実の政治と合わなくても、やがて法術政治の後遺症を治す良薬となるかもしれないと思っていた。武帝はかつて太子の叔父である衛青に次のような話をしたことがある。

> 我が朝は多事である上に草創の段階にあり、加えて周囲の異民族の我が国に対する侵攻は絶えず、朕がもし制度を変更しなければ、後世依拠すべき基準を失ってしまうであろう。もし軍隊を動員して遠征しなければ、天下は安定することができず、これにより人民たちは労苦から免れることがなくなるであろう。しかしもし後世においても朕と同じようにやれば、秦朝滅亡の前轍《ぜんてつ》を踏むことになろう。太子の性格は穏やかで物静かであり、天下を安定させられるに違いなく、朕が憂慮することなどない。文をもって国を治める君主を探すのであれば、太子より心強い者などいるであろうか?

武帝の内心から発した告白からは、太子が自身の振舞いを堅持することと、それが生むかもしれない欠陥をも察知しており、したがって太子の「違逆」行為を責めることがなかっただけではなく、むしろ太子を将来天下を安定させるための切り札とみていたことがうかがえよう。つまり、父子は長らく政治についての見識が合わないながらも、一貫してある種の（暗黙の）契約を保持していたのである。

しかしながら、武帝が劉氏と漢王朝のために丹精こめて描いたビジョンは、最終的には無情な「巫蠱の禍」によって粉砕されてしまうのである。

玉耳杯（主槨室東室南部より出土）

『漢書』「公孫賀伝」には、「巫蠱の禍は朱安世より起ち、江充になり、ついに公主・皇后・太子におよび、皆敗る」とある。皇宮の大変動を引き起こした「巫蠱の禍」が朱安世より始まり、江充によって拡大され、公主・皇后・太子を巻き込んだことをいっており、これら皇帝の近親たちはみな、大変動による死の運命から逃れられなかったのである。

江充はもともと趙国太子劉丹の義弟であり、朝廷に劉丹が礼法に背いたことを告発し罪名が成立したことから武帝に注目されることとなった。武帝は集権政治を遂行しており、このように後ろ盾が全くなくとも困難にくじけない微賤の人物をまさに必要としていた。そのため、武帝はいちはやく上林苑犬台宮において江充を召見した。

江充ははかりごとにきわめて長《た》け、相手の発言を察し顔色を読み取ることができ、ご機嫌取りの得意な人物であった。初めて武帝に謁見したとき、堂々たる体躯に奇抜な装束をまとってあらわれ、武帝から「燕・趙 固《もと》より奇士多し」との讃辞を勝ちとった。ついで彼にいくつかの時事・政治方面について問うたところ、彼は流暢に答え、武帝は非常に満足げであった。

こののち、江充は順調に出世した。武帝は彼

江充は初めて武帝に謁見したとき、堂々たる体躯に奇抜な装束をまとってあらわれ、武帝から「燕・趙 固《もと》より奇士多し」との讃辞を勝ちとった。

を直指繍衣《しゅうい》使者に任命し、京畿地区の盗賊追補や、権貴《けんき》・豪族の過分な奢侈行為の督察を担当させた。彼は非常に精力的に働き、多くの貴《き》戚《せき》・近臣を告発・弾劾し、大量の車馬・財物を没収して、千万銭の贖金《しょっきん》を獲得した。衛太子・長公主の些細な過失さえもつかんで放さず、武帝は彼を忠誠心にあふれまっすぐで、法を遂行しておもねることのないものとして賞賛し、感慨深げに「臣子たる者かくあるべし」と述べた。以後、江充はいっそう信任され、中央における三大財務官のひとつである水衡都尉に昇進した。しばらくの間、彼の名声は首都にとどろいた。

しかしそれからまもなくして、江充は罪によりその地位を免ぜられた。これは武帝が江充の後ろ盾たりえなくなってきたことを意味するものであった。みるからに武帝は年老いて身体は衰え、さきも長くはない。もし武帝が崩御し、太子が皇帝に即位すれば、彼は自分を見逃すであろうか？

まさに江充が自身の運命を憂慮し、またおこなうべき計略がなかったそのとき、公孫敬声の巫蠱事件が発生し、公孫家は全員殺害され、太子の同腹の姉である陽石公主、諸邑公主、衛青の子である長平侯衛伉《えいこう》までもが巻き込まれて処刑されたのである。その後も事態は拡大を続け、

さまざまな神巫《いちこ》・方士が首都に集まり、幾人かの巫女《みこ》は宮中に出入りし、宮女に「巫蠱」を実行して災難から免れるようそそのかした。結果、宮女たちは皇帝の寵愛を争って焼き餅を焼き、けんかを始め、相手や皇上を呪詛し、大逆不道をはたらいたと告発しあい、武帝を大いに怒らせた。命令の下、厳しい調査が行われ、処刑された後宮の妃嬪《ひひん》・宮女や連座した大臣は数百人にのぼった。

この事件が発生した後、武帝はさらに疑心暗鬼となり、幾体もの木の人形が棍棒をもって彼を打ち据えるという白日夢をみるにいたり、夢が覚めた後、突如として体に不快感が生じ、意識は朦朧とし、記憶力も大いに衰えた。

江充はこの状況を把握し、再起のための機会がおとずれたと考えた。ここで、災いが首都を覆い、全国に波及することになる、天をも驚かす大陰謀が世にあらわれることとなる。

江充の陰謀は、彼が平民の身分から皇帝に上書するというところから始まったのであり、最終的な目標はやはり「太子」であった。実行の時期はかなり周到に選ばれた。宮城内外ではすでに「蠱」の色が変わったといわれ、人心はおどおどとし、太子・皇后などは親族のために冤罪によって死ぬ可能性を有しているために人知れず悲嘆に暮れ、武帝の身体も病気がちで、首都を離れ、甘泉宮に療養に向かってしまった……。

江充の上書は迅速に武帝の手中に渡され、書中には武帝の病が「巫蠱」によるものであるとはっきりと記されていた。このとき武帝はすでに、江充がどうして官を失ったかを忘れていたようであったが、江充はすこぶる医術に明るく、かつ事務能力に優れ、記憶はなお新しかった。これによりただちに決断が下され、詔により江充を使者に任命し、巫蠱事件の調査を担当させた。

江充の陰謀の目的は太子を打倒することにあったが、すぐに矛先を太子宮に向ければ、この人物の動機があらわになり、武帝の懐疑を招いてしまう。すべてを理にかなっているように見せる必要があり、さきに外堀を埋めるところから始め、次第に目標を絞っていかなければならなかった。そのため、江充は命を受けたあと、すぐに胡人の巫師を引率して首都の各所で木の人形を探させ、「巫蠱」と夜間の祈祷をおこない、霊魂をみることができると自称していた人物をまず逮捕した。そしてわざと罪を着せ、酷刑をもって自供を迫るなどの数々の手段を用い、逮捕の範囲を拡大し、彼らが罪を認め、「同党」を差し出すよう迫った。そこで、無辜《むこ》の人びとが誣告《ぶこく》しあい、巻き込まれる人が次第に多くなり、首都長安・三輔地区から各郡・国にいたるまで、これによって処刑された者は前後数万人の多きに達した。

江充らがこれをおこなうと、長安城内は大混乱におちいった。老齢の武帝はしだいに猜疑心が強くなり、身近の人びとがみな「巫蠱」によって自分を呪詛していると信じているようであった。

青銅虎鎮（西蔵梆娯楽用具庫より出土）

青銅香炉（炉盤は失われ、脚部は神人が龍を御する造型となっている）

江充は武帝の心情を忖度し、鉄は熱いうちに打てといわんばかりに、胡人の巫師檀何《だんか》に指図して人が驚くような話を流させ、「宮中に蠱の気が蔓延しており、これを駆除しなければ、皇上の病は永遠に治らないであろう」といった。これを聞いて武帝はめまいがした。それまでずっと聡明で有能だった皇帝は邪気にあてられたかのようになり、江充らの思うままに動かされていた。ついには江充に衆を率いて皇宮に進入することを許可し、さらに按道侯韓説・御史章贛《しょうかん》・黄門蘇文らを派遣して江充の調査を助けさせた。

ここで、中国史においてまれにみる奇異な事件が発生する。大漢帝国の恭《うやうや》しくも厳《おごそ》かな皇宮において、肩に鍬《くわ》を担ぎ、手に鋤《すき》を持った一団が進駐し、江充らの指揮により、ほしいままに掘り起こし、木の人形を探し出したのである。人の耳目を覆うために、江充は意図的に後宮中の妃嬪の部屋からまず開始し、そのあとで順次捜索し、皇后宮と太子宮にいたった。皇宮の諸建築の地面はことごとく掘り返されて破壊されてしまい、太子と皇后はベッドの置き場さえも失っていた。

太子は発掘の現場から隔離され、表情はぼんやりとし、黙然として語らなかった。このとき、忽然と江充の声がかすかに聞こえた。「人形を発見した。太子宮が最も多く、絹布には文字が書かれており、内容は皇上を呪詛し、大逆不道をなすものである。急ぎ皇上に奏上せよ」。

太子は緊張した。江充が捏造し自らを陥れようとしていることはわかっていたが、江充がその手に「証拠」を握り、気勢鋭く迫ってくると、慌てふためき、なすすべがなかった。やむなく太子少傅石徳の意見をいれ、聖旨を偽造し、江充らを逮捕して獄に下し、彼らの奸謀を徹底的に追究し、父である武帝に罪を請うた。

この日は征和二年（前九一年）七月九日であり、太子は先発して人を制し、門客を派遣して皇帝の使者になりすまし、江充らを逮捕・処刑させた。これと同時に、状況を皇后に報告しつつ、皇帝の武器庫を開き、長楽宮の衛士を徴発し、突発的な事変にそなえた。

しばらくすると、長安城内は混乱し、真相のわからない官民はつぎつぎに「太子が叛いた！」と伝言した。

江充の仲間の蘇文はさいわいにも長安から逃れ、甘泉宮にたどり着き、太子の謀反を武帝に報告した。

この変事に遭遇しながら、武帝はかえって冷静であり、温厚な太子が起兵して謀反を起こしたとは信じず、左右の者に、「太子はきっと不安であり、江充らを恨み、ゆえにこのような変事を起こしたのであろう」といった。しかし、武帝の冷静さはいちはやく派遣されて太子の宣召に向かった使臣によって打ち破られた。この命を惜しみ死を恐れる使臣はあえて長安に入らず、城外を一周した後に慌てた表情で帰還し、「太子はすでに造反し、私を殺そうとしました」と報告した。ずっと事態が把握できない状況にあった武帝は激怒し、すぐに丞相劉屈氂《りゅうくつぼう》を任命し、自らは反乱軍を討伐する総指揮を兼任し、命令を下して長安の城門を封鎖させ、反乱軍が外に逃げるのを防いだ。すぐあとに甘泉宮から長安城に帰り、城西の建章宮に到達し、詔書を頒布して三輔付近の各県の軍隊を徴発し、二千石以下の官僚を配置し、すべて丞相が兼職・統轄した。

これと同時に、太子は未央宮において文武の百官に対して宣言・号令を行った。「皇上は病により甘泉宮にあり、私は変事が起こるものと疑ったが、奸臣たちは機に乗じて反乱を起こそうとしている！」すぐさま使者を派遣して聖旨を偽造し、長安の中都官獄に閉じ込められていた囚徒を赦免して釈放し、少傅石徳や門客の張光らに命じて分轄させ、自らは手に調兵符節をもって首都の衛戍《えいじゅ》部隊――北軍を派遣したが、見破られてしまった。切迫した状況下で、やむなく数万におよぶ城内の人びとをむりやりに武装させた。

太子軍と劉屈氂軍は長楽宮西門外で遭遇し、互いに激戦を繰り広げた。戦いは五日間続き、血は河のように流れ、数万人が死亡した。

七月十七日、太子の兵は敗れて逃げ隠れた。まもなく衛皇后が自殺した。

八月八日、長安城東の湖県泉鳩里に隠れていた太子は、当地の官府に包囲・逮捕され、逃げ道を失って自ら縊死し、二人の皇孫も一緒に殺

太子劉拠は未央宮において反乱平定の号令を発し、自ら調兵符節（兵を動かす資格をもつことを証明する割符）を持して首都の衛戍部隊を徴発した。

害された。

ここにいたって「巫蠱」の悲惨な事件を引き起こした人物である江充は死に、江充の陰謀のターゲット――太子・皇后も死んだ。みなことごとく死亡するというこの凄惨な結末は、数万におよぶ無辜の官民を死なせただけではなく、漢朝の根幹を動揺させ、皇嗣の危機を形作ったのであり、武帝の一生における最大の傷となった。

本文注

① 前漢の長門宮は長安城外にあり、文帝の顧成廟に近く、もとは館陶長公主、劉嫖《りゅうひょう》の所有した私用の園林であった。のちにその情夫であった董偃《とうえん》の意見にしたがって武帝に献上され、長門宮と改名し、皇帝が祭祀を行う際の休憩所として利用された。

② 『史記』巻一一一「衛将軍驃騎列伝」には「賀の父渾邪」とあるが、『漢書』巻六六「公孫劉田王楊蔡陳鄭《ちんてい》伝」には「賀の祖父昆邪」とある。

# 三、皇帝を廃立した人物

その人物の名は、霍光《かくこう》という。前漢の歴史における著名な外戚・権臣であり、武帝・昭帝・宣帝の時代を生き、武帝に奉侍し、昭帝を輔佐し、昌邑王を廃位し、宣帝を擁立した。彼こそは劉賀の人生を大きく変えた張本人であり、ゆえに劉賀の故事はこの皇帝を廃立した人物と切り離せない。

霍光の出世をもたらしたのは異母兄弟である大司馬驃騎将軍霍去病《かくきょへい》であった。霍去病の外戚としての背景（衛皇后の外甥）と、彼が対匈奴遠征において勇敢なること冠絶であり、幾多の武功をあげたという活躍ぶりは、彼に武帝からの深い寵愛をもたらした。こうした関係により、元狩四年（前一一九年）、二十歳にも満たない霍光は兄の推薦により郎官に就任し、皇帝の身辺にいる侍衛の近臣となった。数年ののち、霍光はさらに奉車都尉兼光禄大夫に昇進した。これらふたつの官職のランクは「九卿」の下ではあるものの、奉車都尉は「皇帝の車駕出行を掌《つかさど》り」、光禄大夫は「顧問応対を掌り」、現代の用語でいうならば、皇帝のボディーガード兼ブレーンといったものであろうか。そのため、霍光の勤務場所は皇宮であることが多く、天子の動静、宮廷のはばかりごと、朝廷の機密を多く知っていたが、彼には落ち着きがあり、言動に乱れたところがなく、「出でれば則ち車を奉じ、入りては左右に侍し、禁裏に出入すること二十余年、小心謹慎たり、未だ嘗て過有らず」と評された。漢代の政治環境の最も厳しく過酷な時期において、用心深く武帝に仕え、二十年が一日であったかのごとく、少しの過失もなかったのは、決して並大抵のことではなく、それゆえに武帝の信任と親しみを受けたのである。

霍光像

武帝時代の人材資源は豊富であり、文臣武将・才子佳人は古参がたおれてもすぐに新手があらわれたが、征和年間における一連の「巫《ふ》蠱《こ》」の災禍の後、ついに断絶の徴候をあらわにした。まさしくこうした機縁により、まったく無名であった霍光が、袖から表舞台に躍り出たのであり、「脇役」から「主役」に変身したのである。

## 1　武帝の遺言

太子劉拠の死去は武帝に大きな衝撃をあたえ、

この剛直な性格をもつ皇帝に深い自責の念を抱かせた。しかしこのとき折悪しく、さらに彼の心をひどく傷つける事件が発生した。

　征和三年（前九〇年）の初め、匈奴は頻繁に辺境に侵攻し、武帝は貳師将軍李広利を派遣して七万の漢軍を率いて匈奴を攻撃させた。

　李広利は昌邑哀王劉髆《りゅうはく》の母方の伯父、劉賀の大伯父であり、彼の女婿は当時の丞相であり、武帝の異母兄中山靖王劉勝の子、劉屈氂《りゅうくつぼう》であった。この年の三月、李広利が出撃したとき、

鍍金宝石象嵌銅鏡（西蔵槨娯楽用具庫より出土）

見送りにきた劉屈氂に対して、胸中を吐露した。「あなたに一日も早く昌邑王を太子にするよう皇上に奏請してもらいたい。もし昌邑王が皇帝に即位すれば、あなたに今後どのような憂いがあるというのか？」劉屈氂もまさしく同じ考えを抱いていた。当初軍を率いて太子と戦ったのはまさしく彼であり、太子が死亡した今、武帝は悶々として楽しまず、自身が詔《みことのり》を奉じてことを進めても、武帝の心情は推し量りがたく、気まぐれに口実を見つけて自身を粛清するのではないかといつも気にかけずにはいられなかった。もし昌邑王を太子に立てることができれば、以後枕を高くして眠ることができるであろう。そのため劉屈氂はふたつ返事で承諾した。

　しかし、「この世に風を通さない壁はない」。劉屈氂と李広利のこのような隠し事は人の知るところとなってしまった。武帝は太子に心を痛め、丞相に八つ当たりしており、あらかじめひそかに人を派遣して監視させ、証拠を探し出して彼を排除したのであろうか？　それとも機密が守られず、不幸にも漏洩してしまったのであろうか？　はっきりとはわからない。しかし史書には内者令郭穰が朝廷に劉屈氂を告発したとの記述が残されており、そこには太子擁立画策の秘密だけではなく、致命的な罪名が加わっている。大意は次の通りである。「丞相夫人は丞相が皇上より叱責されることが多かったために、恨みを抱いた。裏で巫師におぞましい言葉で皇上を呪詛させた。丞相は貳師将軍とともに神霊に祈祷し、ひそかに昌邑王を皇帝にすることを相談した」。武帝が人を派遣して調査させたところ、事実と判明し、大逆不道の罪に問われた。劉屈氂夫妻はその子とともに処刑され、李広利の妻や子女も逮捕・拘禁された。

　塞外《さいがい》で戦争に従事し戦果を挙げたばかりの李広利は、この知らせによって大きな衝撃を受け、ひどく動揺し、恐れた。切迫した状況のなかで、戦果を拡大し、その功によって罪を贖おうとし、そのために漢軍を率いて危険を冒して敵中に深く入りこみ、匈奴人の計略にかかったとは気づかず、おびただしい損害を出した。李広利は八方塞がりとなり、匈奴に投降した。その結果、李広利は家財を没収され、一族は斬首となった。

　このことは武帝にとって最も受け入れがたい結末であった。子を失っただけではなく、腹心の将軍にまで裏切られて去られたのであり、すでに彼の一族を殺したとはいっても、いったい何になるというのか？　結局のところ、だれが間違っていたのであろうか？

武帝はその勇気と度量を体現し、中国史上に深い影響を与えた「輪台に己を罪する詔」を発布した。

同年九月、朝廷の重大事件担当部局の調査をへて事実を確かめた。「巫蠱」事件の真相が次第に水面上に浮かび上がり、官吏と人民が告発しあったいわゆる「巫蠱」罪は、多くが拷問により自白を強要されたものであった。衛太子が起兵して江充を誅殺したこともまた、発生時に武帝が疑ったように、江充のでっちあげに起因しており、それ以上の意図はなかった。

まさしく武帝が悔恨し、悲痛に堪えず、百官臣僚がいかに慰めるべきかがわからなかったときに、郎官田千秋が大胆にも太子のために冤罪をうったえる緊急の上奏をおこない、「子供がほしいままに父親の軍隊を動かしたなら、鞭を打てばそれで十分でしょう。天子の子供が誤って人を殺しても、何の罪になるというのでしょうか。夢にあらわれた白髪の老人が、私にかくのごとく上奏せよと命じたのです」といった。これは押し黙っていた武帝をすっかり覚醒させた。こののち田千秋は重用されるようになり、数か月のうちに位は人臣をきわめ、郎官から大鴻臚《だいこうろ》にいたり、さらには丞相にまでのぼった。武帝も次第に冷静になり、長年の自らの所業を思い返すようになった。

征和四年（前八九年）のある日、武帝は大臣たちを招集し、心中を吐露していった。「私が即位して以来、多くの失敗があり、天下の人民を悩み苦しませたが、いま後悔してももう遅い。今後は人民を傷つけ、財物を浪費するようなことは、例外なくやめよ」。田千秋による覚醒のもと、武帝は最終的に神仙・長生・不老の説への耽溺から抜け出し、身近にいた、人をたぶらかす方士をすべて解雇した。こののち彼はしばしば群臣に対して大いに慨嘆していった。「かつての私は愚かであり、方士に欺かれた。実際に仙人などどこにいるであろうか、すべては方士たちのつくりだした虚構である。ふだんから飲食に注意し、病があれば薬を飲んで養生する、それで病は減るのである」。

群臣の目には、武帝が変わり、感情的で傷つきやすく、くどくどしゃべるようになったと映った。武帝のこうした変化は、老人にしばしばみる現象ともいえる。孔子は「六十にして耳順《したが》う」といい、すでに七十歳に近づこうとしている武帝は、「耳順《じじゅん》」の段階にあった。そうしたなかで、まさしく武帝の勇気と度量を体現したのが「輪台《りんだい》に己を罪する詔」の発布であった。

この中国史上に深い影響をあたえた詔書の登場については、捜粟都尉桑弘羊らの上奏によるところが大きい。桑弘羊は武帝朝の財政の大官であり、国家財政の収入増加にかかわる多くの重要な施策は彼の主導による。しかしここでの彼は、かえってはっきりしない態度をとり、武帝は過ちを反省していたので、彼は丞相・御史大夫とともに、内地から兵士を西域の輪台（現在の新疆輪台県南東）に増派して屯田させ、辺境防衛を強化するよう請うた。この意見は深く武帝の心に触れ、「輪台の詔」を発布する触媒となり、武帝の詔書に「深く既往の悔いを陳《の》べる一文を加えることを促し、「当今の務めは苛政を禁じ、重税を止め、農業に力《つと》むるに在」ることを強調した。君主専制時代の一帝王が、あえて自身の過去における誤りを公に認め、万民に対して自己批判し、今後は厳に苛刑暴政をつつしみ、不法に賦税・徭役《ようえき》を分担させることを禁じ、農業経済の発展に尽力し、国家の経済や民生を改善することに重点を置くと宣言したのである。これは並大抵のことではない。

武帝の、方針を根本から改め、誤りを直して正しきに帰るという試みは、思考から実行に移され、計算どおりにうまく運んだようであった。しかしこれとは別の、劉氏の皇統にかかわる大事が深く彼を困惑させていた。後継者問題がそれである。

武帝には全部で六人の男子がおり、年齢の順に列挙すると長子戻太子劉拠（衛皇后の子）、次子斉懐王劉閎《りゅうこう》（王夫人の子）、三子燕刺王劉旦・四子広陵厲《れい》王劉胥《りゅうしょ》（ともに李姫の子）、五子昌邑哀王劉髆（李夫人の子）、六子劉弗陵

獣面紋玉剣格（主槨室東室南部より出土）

（趙婕妤《ちょうしょうよ》の子）となる。太子が死んでしまったいま、だれに皇位を継承させればよいのだろうか？　武帝は思案をめぐらせた……

次子斉王劉閎は武帝の歓心を買っていたが、しかし彼は運悪く、夭折してしまった。

三子劉旦は群書を博覧し、弁舌に長け、趣味もひろく、星象暦法・数学方術・演劇娯楽・射撃狩猟などあらゆる方面に親しみ、本来であれば帝王となるべき器量であった。しかしこの子にはもうひとつの趣味――「游士《ゆうし》を招致す」――があり、つねに四方に遊び、来歴の不確かな人物と馴れ合い、派閥を組織していたことが疑われた。中央を周囲から守る藩王として、忌避すべきこうしたことを、彼は当たり前のこととしていた。さらに容認できないのは、太子劉拠が冤罪により自殺し、武帝が悲嘆してやまないときに、彼がかえって兄弟の序列から、太子の地位が自分に転がり込むと考えていたことであり、矢も楯もたまらず父である武帝に上書して、自らを首都に召還して宮城を宿衛させるよう要請した。これは公然と太子に冊立されることを狙ったものではないか――武帝は激怒し、命令を下して彼が上書を渡すために派遣した使者を斬殺した。しかしこの教訓によって燕刺王劉旦が目を覚ますことはなく、彼は依然として変わらず、ひろく游士と交際した。結果として犯罪者がそのなかに紛れ込んでしまい、人に通報されてしまった。武帝は先の過ちとあわせて清算し、燕国から三県を削減した。これにより劉旦の太子となる夢は完全に消滅してしまった。

四子劉胥は劉旦と同母兄弟である。劉旦と同様に、演劇娯楽にふけり、心ゆくまま遊ぶことを好んだ。才幹は兄におよばなかったが、腕っぷしは強く、暇さえあれば鼎《かなえ》を持ちあげて遊び、さらには素手で熊や猪などの猛獣と戦った。おこないやふるまいは粗野そのもので、無法のかぎりをつくし、とても諸侯王にふさわしいものではなかった。武帝は彼のことを思うたび、眉をひそめた。

五子劉髆は劉賀の父親である。劉屈氂と李広利が彼を太子に立てようとした事件に巻きこまれることはなかったが、身体の調子がずっとすぐれず、武帝が崩御する前年に死去してしまい、史書は彼の事跡について何も記していない。

そうすると、末子の劉弗陵が太子として唯一の選択肢となる。

劉弗陵は晩年の武帝が最も寵愛した鉤弋《こうよく》夫人趙婕妤《ちょうしょうよ》が生んだ子である。生まれたとき武帝はすでに六十三歳で、この老父と幼子とはまるで祖父と孫のようであり、和やかに楽しみうちとけあい、感情はひとかたならないものがあった。弗陵は五、六歳になると、その身体はたくましく、聡明で賢く、典型的な美少年に成長した。武帝はかわいがってやまず、会うたび「私のようだ、私のようだ」といっていた。これにより、武帝ははやくから彼を太子に立てるつもりであった。しかしまだ年齢が幼く、また母親も若く、漢初において呂后専権が発生したことの二の舞になるのではないかと心配したため、ずっと決断できずにいた。

後元元年（前八八年）にいたって、武帝は自分の身体の具合から問題をこれ以上引きのばせないことを悟るようになった。彼は周公が成王を輔佐した故事を思い出した。大臣のなかから、治国の大才をもち、忠義に厚く誠実な人物を探し出して幼帝を輔佐させれば、問題は解決するのではないか？　では誰を選ぶか？　武帝は朝廷のメンバーを子細に審査し、最終的に霍光だけがこの重任に堪えうると判断した。すぐさま宮廷画家に周公が成王を背にして諸侯の朝賀を受ける場面を描かせ、霍光に賜与した。しかし彼はなおも安心せず、数日後、些細な過ちを探し、容赦なく趙婕妤を責め立て、彼女に死を賜った。

翌年二月、霍光ら大臣の随行のもと、武帝は五柞宮に出かけたところ、にわかに病状が重く

後元元年（前八八年）、健康状態が次第に悪化してきた武帝は霍光を選んで幼子劉弗陵を補佐させようと、宮廷画家に周公が成王を背にして諸侯の朝賀を受ける絵を描かせ、霍光に賜与した。

なった。霍光はわざと愚鈍をよそおい、涙を流して武帝に問うた。「皇上にもしものことがあれば、誰が皇位を継ぐのでしょうか？」武帝はとがめるような口ぶりでいった。「まさかそなたにあたえた絵の意味を理解していないのではなかろうな。少子を立てて皇帝とせよ！また周公が成王を輔佐した故事にならってことをおこなえ」。すぐに霍光を大司馬大将軍に、金日磾《きんじってい》を車騎将軍に、上官桀を左将軍に、桑弘羊を御史大夫に、それぞれ任命し、四人に協力して幼主を輔佐するよう遺詔を発した。

その翌日、武帝は崩御し、太子劉弗陵が即位した。これが昭帝である。

## 2　霍光の権勢

漢の昭帝が皇位を継承したときわずかに八歳であり、まだ物心のつかない腕白小僧であったため、姉の鄂邑公主《がくゆうこうしゅ》が一緒に宮中に入り、彼の起居・生活の世話をした。しかし朝廷の政治は霍光・金日磾・上官桀の三人により共同で管轄した。三人は「共に尚書の事を領し」、全員が最高政策決定権を有したが、しかし金日磾は当時外国であった匈奴の人で、上官桀は武官であった。したがって、すべての政治は霍光によ

虎紋玉剣格（西蔵槨武器庫より出土）

り最終的な決断が下されるようになった。

霍光は二十年以上武帝の身辺にあったが本性をあらわすことはなく、国を治め権力を振るう術を体得していた。その人となりは冷静沈着であり、仕事ぶりは落ち着きがあってきめ細かく、道理を知り、大局を重んじ、国事・家事に衝突が発生するごとに、彼はいつも大局に気を配り、公を先にして私を後にした。したがって昭帝・宣帝を輔佐した十数年において、彼は武帝のおこなった連年の遠征や浪費により、国庫が空となり、流民が激増し、人口が半減したという厳しい現実に直面し、武帝が晩年におこなったように、苛政を除き、徭役《ようえき》と税賦を軽減し、民力を節約し、休養させるという政策を忠実に遂行し、同時に匈奴の要求を受け入れ、漢初の「和親」関係を回復し、漢朝の統治に文帝・景帝時代の繁栄の光景を再び出現させたのであり、史上には「昭・宣の中興」と称される。

霍光の権力と名望を最初に高める契機となったのが、昭帝の即位時に発生した奇妙な事件であった。霍光が宮中官僚の忠誠心の程度を探ろうとしたのかは明らかでないものの、ひそかに仕組んで騒ぎをでっちあげたのは確かであるらしく、史書には次のように書かれている。ある夜、宮殿のなかで化け物が騒ぎ、群臣は驚いて一晩中騒ぎたてた。そこで霍光は皇帝の璽印の保管を担当する尚符璽郎を召し出し、皇帝の玉璽を持ち出そうとした。玉璽を守って渡そうとしない尚符璽郎に対し、霍光は強引に奪おうとする姿勢をみせた。ところが尚符璽郎はどうしても渡そうとせず、ついには宝剣に手をかけて大声で「私の首を持ち去ろうとも、玉璽だけは渡さぬ」と叫んだ。霍光は彼が忠義を尽くして職務を遂行したことを賞賛し、二日目に、昭帝の名のもとに尚符璽郎の位階を二級昇進させた。霍光もこれによってみなの尊敬を勝ち取った。

武帝が遺詔《いしょう》を託した四名のうち、金日磾の行為・風格は霍光と最もちかく、落ち着きや慎ましさの面では霍光以上のものがあったが、彼は昭帝の即位後まもなくして亡くなってしまった。桑弘羊は商人出身であり、武帝は彼の意見をすべていれていたが、彼の地位は比較的低く、基本的には政策決定の範囲から排除されていた。そのため、真に昭帝時代の政局に大きな影響をおよぼしていたのは霍光と上官桀であった。

彼らふたりの関係は微妙で、朝廷においてはともに幼い皇帝の輔政大臣であり、家族としては子女が姻戚関係にあった。霍光の娘は上官桀の息子である上官安に嫁いでいたため、ふたりの関係は密接であり、霍光が休暇をとって朝廷を離れるごとに、つねに上官桀は霍光にかわって政治の決裁を行った。しかし上官桀の出世は霍光とは異なり、勇力をたのみご機嫌をとり、利口ぶることで武帝の寵愛を得たのであり、したがって公・私の利益の面において、彼は往々にして国家ではなく個人の得失から考えていた。

上官安には娘がいた。始元三年（前八四年）の段階で、わずか五歳であるにもかかわらず、上官桀父子は待ちきれず、霍光との関係を通じてその娘を後宮に入らせ、時機をうかがって皇后に立てようとした。しかし外祖父である霍光は原則を守り、外孫の年齢がまだ幼すぎると考え、首を縦に振らなかった。手詰まりとなった上官桀父子は、別の入口をさぐることとなった。

昭帝の姉である蓋長公主《がいちょうこうしゅ》（鄂邑公主）の私生活はそれほど節度のあるものではなく、丁外人という男妾を養っており、上官安と丁外人は友人であった。そこで、丁外人を通じて蓋長公主の耳もとであれこれいうと、果たして願いがかない、上官安の娘は順調に後宮に入り、翌年には皇后に冊立《さくりつ》された。このとき年わずかに六歳、中国史上最年少の皇后であった。上官安の地位も向上し、車騎将軍に任命され、桑楽侯に封ぜられた。

蓋長公主への見返りとして上官父子は、ことが成功したあかつきには丁外人を列侯に封じて官位につけると大言していたにもかかわらず、これもすべて霍光に拒絶されてしまった。これにより蓋長公主は霍光に恨みを抱き、上官父子も面子をつぶされたと考えた。とりわけ上官桀は、遺詔を受けたのち、表向きは言葉にせずとも、その心にはずっとわだかまりが残っていた。武帝時代には自身がすでに九卿であり、地位は霍光よりも高かった。現在は父子ともども将軍で、自身の孫娘は皇后であり、一方の霍光は皇后の外祖父でしかないのにかえって権力を掌握し、朝政をもっぱらにしていた。そのため上官父子は不平不満がつのった。ここにおいて、両家の間で権力闘争が発生した。

玉剣璏《けんてい》（西蔵槨武器庫より出土）

この権力闘争において、上官父子の勢力は日に日にさかんとなっていった。蓋長公主はいうまでもなく、明らかに反霍光の主力であった。また四輔臣のひとりである桑弘羊は、自ら功高きをたのみ、その子弟のために官を求めたが断られたために霍光を怨むようになった。さらに重要な人物が彼らに荷担したが、それこそが燕王劉旦である。

劉旦は太子劉拠が冤罪で死去してより、太子の位を求めたが得られず、武帝に嫌がられて見捨てられたあと、そのことがずっと気にかかって忘れられなかった。昭帝が皇位を継承してからは、憤懣やるかたない感情が言動や態度にあらわれ、中山哀王の子である劉長、斉孝王の孫である劉沢とともに反乱を計画し、のちにことが漏れて失敗に終わった。劉沢らは処刑され、劉旦らも自供し、その罪は死刑に値するものであった。ただ、昭帝が自分の兄を殺すに忍びなかったために、特別に詔して追及を許さなかったのである。しかし劉旦はそうした情けを少しも理解せず、かえってひそかに昭帝と霍光に反対する勢力の取りこみを強め、反逆の陰謀を引き続きめぐらせた。

そうなると、蓋長公主・上官桀・上官安・桑弘羊らは劉旦と共謀し、互いに利用しあい、大臣の間の権力闘争は、藩王が皇位簒奪をたくらむ宮廷政変に急変した。

元鳳元年（前八〇年）八月、上官桀らは人を派遣して燕王劉旦の名義で上書を届けさせ、霍光が「独り大権を統べ、自らの欲するところをなし、反逆をたくらむ可能性がある」と告発し、霍光を取り調べて処罰する機会を設け、彼を排除しようとしたが、昭帝により見破られた。霍光を陥れるたくらみが失敗したとみるや、すぐさま新たな計画がなされ、蓋長公主が酒宴を設けて霍光を招き、伏兵が霍光を殺し、その上で昭帝を排除し、劉旦を迎えて皇帝に立てようとした。

伎楽木偶
（北蔵槨中部楽器庫より出土）

このとき、上官安の野心が突然膨張した。彼の手前勝手な思惑は、霍光を刺殺した後、さらに燕王をおびき出して殺害し、そののちに昭帝を排除し、父の上官桀を皇帝に擁立するというものであった。

まさに上官桀が一斉にあおりたてるように政変を計画していたとき、蓋長公主の舎人の父親であり、稲田使者に任命されていた燕倉がこの陰謀を察知し、急いで上司の大司農楊敞《ようしょう》に報告した。ところが楊敞は肝っ玉の小さい人間で、このように重大なことを何とあえて直接朝廷に報告せず、病で家に帰ると上書し、情報を給諫大夫杜延年《とえんねん》に知らせたのである。杜延年は大急ぎで昭帝に上奏し、この政変の陰謀は実現が不可能となった。

同年九月、霍光は上官桀・上官安・桑弘羊・丁外人らを逮捕し、彼らの宗族《そうぞく》までも全員誅殺した。蓋長公主・燕王劉旦も相ついで罪を恐れて自殺した。

この事件は歴史上「燕・蓋の乱」と称される。反乱が鎮圧されるにしたがい、霍光の「威は海内を震わせ」、朝政を専らにする地位はさらに強化され、霍氏の一族・親戚は一体となり、朝廷内のすみずみまで根を張った。霍光の子である霍禹《かくう》と兄の子である霍雲は中郎将となり、霍雲の弟の霍山は奉車都尉・侍中に任命され、胡・越の兵①を統領し、霍光のふたりの女婿范明友《はんめいゆう》と鄧広漢《とうこうかん》は東西宮校尉となり、その他の兄弟・女婿・外孫はみな奉朝請・諸曹大夫・騎都尉・給事中などの朝廷官僚となった。

元鳳四年（前七七年）、昭帝が二十歳で元服儀礼をおこなうと、霍光は自発的に政権を昭帝に返したが、昭帝は許可せず、霍光に朝政をとらせ続けた。

青銅釭灯《こうとう》（西蔵槨娯楽用具庫より出土）

## 3　昌邑王劉賀を擁立

元平元年（前七四年）四月十七日、昭帝は未央宮において崩御した。

昭帝が死去したとき、わずかに二十三歳（数え年）であった。その若さゆえに、後世の人びとはその死に疑念をいだいてさまざまに推測し、昭帝は専権的で身勝手な霍光に連年虐げられ病にかかって死んだという人もいる。その当否はよくわからないが、漢代の皇帝は総じて寿命が長くはないという点で共通し、平均寿命は中国の主要な王朝のなかで最も短い。

古くから「佳人薄命」といういい方があるが、意外にも、漢の皇帝もその多くが薄命であった。古代における「五十をば夭《よう》と為さず（五十歳では若死にとはいえない）」という説にもとづけば、前漢・後漢あわせて二十五人の皇帝のうち、武帝の七十一歳、光武帝の六十二歳、献帝の五十四歳、高祖の五十三歳を除いては、全員が「夭寿」であり、文帝・景帝の寿命さえもそれぞれ四十六歳と四十八歳にすぎなかった。したがって、昭帝が短命であっても不思議はない。そもそも聡明でおとなしい皇帝である昭帝は、

青銅戈（西蔵槨武器庫より出土）

専権者の霍光にとってこの上なく都合のよい存在であり、どうしてそれを迫害する必要があるだろうか。

実際には、最も昭帝の死を願わなかったのは霍光であり、昭帝が死去したときその子供がいなかったために、霍光に大いなる難題がもたらされた。それこそが皇位継承問題である。

漢代の皇位は、正常な状況下であればあらかじめ立てられた太子によって継承され、そのため太子は「儲君《ちょくん》」とも呼ばれた。しかし世事は予測しがたく、まさしく先に述べたように、皇帝には「天子」の称があるとはいえ、みな短命であったから、子をなす前に崩御した場合、あるいは身体的な原因から子ができなかった場合には、崩御ののち皇族・宗室《そうしつ》のなかから皇位継承者を選定することとなる。漢初にはすでに藩王から帝位にのぼった皇帝がおり、「文・景の治」の盛世を創始した文帝劉恒がそれである。

目下昭帝に子はないため、慣例にしたがって血縁の最もちかい藩王から継承者を選ぶしかなかった。しかし、昭帝の五人の兄のうち生存していたのはただひとり、広陵王劉胥《りゅうしょ》だけであった。

劉胥はおこないが粗野で節度が少しもないことから、父である武帝によく思われてはいなかった。昭帝はこの兄のことを思いやり、皇位を継承したとき、劉胥の食邑を一万三千戸増し、のちに一万戸を加え、銭二千万・黄金二千斤

奏牘《そうとく》に記された「元康四年六月」などの文字

（あるいは二百斤ともいわれる）を賜与し、さらに宝剣二振り、安車一両、乗馬八匹を下賜した。劉胥は当然ながら皇帝の地位をあきらめてはいなかったが、このときは弟が皇位を継承しており、また霍光や上官桀のような有力な大臣が輔佐しており、ましてや自身には兄である燕王劉旦がおり、皇位ははるかに遠かった。劉胥はこうした運命を自ら受け入れ、文・武・雅・俗あらゆる方面にわたるさまざまな趣味に時間を費やした。ゆえに、劉旦・上官桀らが皇位簒奪をたくらんでいたときも、劉胥は歌を聞き舞を観て、熊と戦い鼎を挙げていたことであろう。しかしのちに兄が敗れて自殺したと聞き、心の

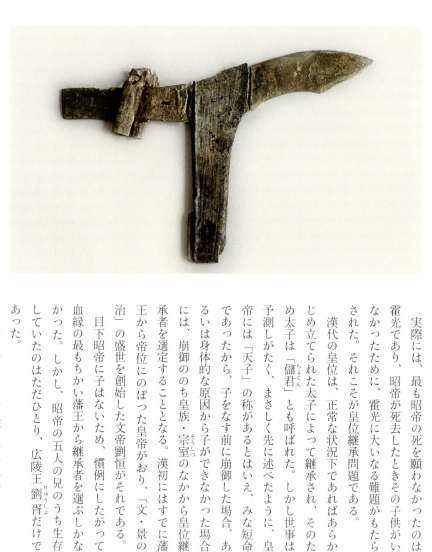

なかでは受け入れがたかったけれども、分不相応にも皇位をうかがうという考えがほとんど同時に芽生えた。

劉胥は腕っぷしは強かったものの、皇位を争うという方面においては彼の兄のように急進的ではなく、非常に落ち着いており、何くわぬ顔で皇位を手に入れようと考えていた。一説によれば、楚の地の習俗では巫鬼を崇拝したといい、そのため劉胥は李女須という名の巫女を招き、天帝に対し死者の霊を下界に降臨させるよう、彼女に祈祷させた。女須は神がかったふりをしたあと、泣きながら「孝武皇帝の霊魂はすでに我が体内に降りている」といった。左右の人はそれを聞くと、一斉に地に伏した。女須はつづけて武帝の口ぶりで「朕は必ずや劉胥を天子とするであろう」といった。劉胥は大いに喜び、女須に大金を下賜し、彼女に巫山で祈祷をつづけさせた。まさにこのとき、昭帝が崩御したのであり、劉胥は李女須の祈祷があたったと判断し、牛や羊を犠牲にして祈祷の的中を祝った。

当然、劉胥の活動は秘密裏に進められたのであり、朝廷は事情を知らなかった。

昭帝には、劉賀をはじめ甥たちが数人いた。たとえば、燕刺王劉旦が自殺したあとに、三人の男子が残されていたが、燕国は廃されて、彼らはすべて皇族としての属籍を除かれ、庶民に降されていた。そのほか、昭帝には甥の子がおり、のちの宣帝劉詢（劉病已《りゅうへいい》）がそれである。年齢は劉賀とほぼ同じで、昭帝の長兄衛太子劉拠の孫であったが、武帝の生前に太子劉拠の名誉が回復することはなく、皇曽孫の属籍を回復するのはまだ先のことであったため、なお平民の身分で民間に落ちぶれていた。

そのため、真に皇位を継ぐ資格があるのは、広陵王劉胥と昌邑王劉賀のふたりだけであった。しかし結局のところ誰が立てられるのか？霍光の心中には考えがあった。

琥珀出土状況

昌邑王劉賀の境遇やその現状について、霍光はよく理解していた。彼の祖母である李夫人は武帝の生涯で唯一本当に愛した人であり、たとえその兄の李広利が国に叛き敵に投じ、家族が誅滅《ちゅうめつ》されたあとも、依然として初心を変えることなく、死に臨んでとくに霍光に依頼して昌邑王を厚遇させた。これにより、武帝が逝去した後、霍光は彼の願いにもとづき宗廟《そうびょう》中に李夫人の霊位をならべ、尊号を追贈して孝武皇后とした。霍光からみれば、劉賀は世間知らずの未熟者であり、欲望をほしいままにして遊び、政治経験に乏しく、コントロールしやすかった。とくに李氏一族が滅亡した後には、朝廷における地盤がなくなり、自身にとって脅威となる存在にはならなかった。しかし劉胥はすでに老練でとくに重んじられた藩王であり、朝廷と連係し、いったん皇帝を称すれば、きっと自身にとって不利となるにちがいなかった。

霍光の行動は慎重であり、昭帝を輔佐していた時代、とくに上官桀らが反乱を画策し法に伏したのちには、朝政の大事はすべて彼により決定されたが、多くの場合は先に意見を述べることはせず、皇帝が朝に臨み政《まつりごと》を聴くのと同様に、まずみなの意見を聞き、それから機をみて

子のない昭帝は突然病により死去し、権臣霍光は大臣を招集し後継者について議論し、最終的に昌邑王劉賀が選ばれた。

ことをおこなった。満足すればその場で決断を下し、意に沿わない場合には、「ことが重大である」、「意見になお不一致がある」などと口実をつけて再び議論にかけ、だれかが彼の意図を理解して彼の希望する意見を発すると、彼はそれをもとにみなの意見をまとめていくのである。ようするに、彼は専権者であり政治を独占してはいるものの、決して独断専行はしなかった。これは彼が歴史上に比較的よい評判を残した原因のひとつであろう。

　昭帝の継承者の選定は、当時における国家最重要の大事であり、ゆえに霍光に意向があっても、自分の一存で決めることはせず、以前と同様に大臣を招集して検討した。その結果、「群臣 立つ所を議し、みな広陵王を持し」、輿論は広陵王劉胥擁立に向かっていたのである。ここで彼は焦った。広陵王を立てたくはなかったためである。

　まさにそのとき、ある郎中が上書して意見を発表した。曰《いわ》く、「周の太王（古公亶父《ここうたんほ》）は年長の子である太伯を廃し、太伯の弟である王季（季歴）を継承者に立てました。周の文王は年長の子である伯邑考を捨て、伯邑考の弟である武王を継承者に立てました。これらふたつの事例は、皇位を継承するにふさわしければ、たとえ長を廃し幼を立てても全く問題がないことを物語っています。広陵王劉胥のように品行不正の人は、皇帝に立てるべきではありますまい」。これはまさしく霍光の意に合致していた。もちろんこの郎中がひそかに霍光より指令を受けた人物であった可能性は充分にあり、のちにこの郎中は急激な出世を遂げ、いきなり九江太守に抜擢された。

　霍光は奏書を丞相楊敞らに渡してみせたが、楊敞はもともと大将軍府出身であり、霍光の腹心であった。霍光の意図を理解すると、群臣を招集して再び議論し、さきの輿論に反して昌邑王を立てることを承諾した。

　ここにおいて、霍光の主導のもと、昌邑王劉賀がシナリオどおり昭帝の後継者となった。

　その日のうちに、順序をふまえ、霍光から外孫女の上官皇后へと奏請して批准され、詔書として発布された。

　昌邑王よ、いま行大鴻臚《こうだいこうろ》事《じ》・少府楽成、宗正劉徳、光禄大夫丙吉、中郎将利漢を遣わし親王を徴召する。四頭立て馬車七両をもって昌邑王劉賀を長安の昌邑王府邸に迎えることとする。

ことは遅らせることはならず、楽成・劉徳・丙吉らは璽書を護送して即刻出発し、昌邑に赴いた。

　このときより、昌邑王劉賀の人生の軌跡は霍光に干渉されることとなり、もとの軌道を逸脱することとなった。

訳注

①「胡・越の兵」とは前漢の北軍における胡騎校尉・越騎校尉の各部隊を指す。前漢の北軍の指揮官には胡騎校尉・越騎校尉のほか、屯騎校尉・歩兵校尉・長水校尉・射声《せきせい》校尉・虎賁校尉がいた。濱口重国『秦漢隋唐史の研究』(東京大学出版会、一九六六年)上巻参照。

# 四、短命の天子

青銅製連枝灯
（主槨室西室南部より出土）

ここにいう「短命」とは、とくに皇帝の在位期間が短いことを指す。

中国歴代王朝のなかで、在位期間の短い皇帝は数えきれないほど存在するが、いずれにせよ、彼らの多くは終身制であり、劉賀のように皇位にのぼったばかりで、その椅子がまだ温まらないうちに追い落とされるというのは、めったにないことである。

人びとは文帝劉恒と昌邑王劉賀の比較をしたがる。そう、ともに藩王から皇統を奉じたのであるが、劉恒が功成り名遂げる一方、劉賀が身敗れて名裂けたのはなぜなのであろうか？

もともと代王であった劉恒は、呂后が崩御し、諸呂の乱が平定されたという背景と、恵帝に後嗣がなかったという事情から、周勃《しゅうぼつ》・陳平ら建国の功臣により皇位継承者に選定された。呂后八年（前一八〇年）九月、劉恒は周勃らが彼を京に迎えるべく派遣した密使に面会したあと、控えめに振る舞い、すぐに出発するようなことはせず、大臣たちを招集して応じるか否かを繰り返し討議した。また母方の叔父の薄昭を長安の太尉府に派遣し、周勃にたずねて事実を確認してから、ようやく腹心の大臣と若干の護衛を引率し、きわめて慎重に首都に赴いた。皇帝に即位してからも、才能を隠して外にあらわさず、大権を掌握した周勃を非常に尊重し、彼自身を皇帝に擁立した大臣たちに論功行賞をおこない、官を加え爵を進め、呂后時代に迫害を受けていた劉姓の藩王の名誉をすべて回復し、彼らの封地と爵位を復し、建国の功臣にもそれぞれ賞賜・分封をおこない、それにより順調に各方面からの推戴を受けることができた。そして皇帝としての地位を確固たるものとしてから、周勃をはじめ強大な権力をもつ高位の老臣を、本人たちも気づかないほどゆっくりと政策決定の場から追いやったのである。

それでは、専権の度合いが周勃よりはるかに強い霍光に直面した劉賀は、どうしたのであろうか？

## 1　劉賀、未央宮《びおうきゅう》に入る

劉賀は昌邑王として幸せに暮らすことができ、大統《たいとう》を承けるとはまったく予想していなかった。それは彼が遊び心を捨てきれなかったため

劉賀を徴召した璽書が昌邑王府に届いたその夜、劉賀は内心興奮し、灯籠のもとで璽書を開いてじっくりとながめた。

に、こうしたことにまで考えがおよばなかったのか、はっきりとはわからない。しかし、ただひとつはっきりしていることがある。それはなにか——年齢である。昭帝が年長であったとはいっても、年齢にはさほど差がない。彼がみたところ、あの中尉王吉は、こうした志を立てなければならない、ああした法にしたがわなければならない、将来皇統をよく継承しなければならないなどと、くどくどしくいっており、ゆえに昭帝がはやくに亡くなるように呪詛したのではないか、とさえ思われた。さらに年長者の中には伯父の劉胥が健在であり、たとえ昭帝に不意の事故があったとしても、皇位が自身にめぐってくるはずはなかった。

しかし、俗に「わざわざ植えた花なのに花が咲かず、何気なく挿した柳の枝が陰をなす」という。劉賀が霍光から選ばれ、皇帝になりたがっていた劉胥はかえって呆然とする結果となり、やむなくまた巫女李女須の巫術の助けを借りて、劉賀に災いが降りかかるよう天に祈った。

劉賀を徴召した璽書が昌邑王府に届いたその夜、劉賀は内心ひとしきり興奮し、灯籠のもとで璽書を開いてじっくりとながめ、あの王吉めはなかなかやるではないか、はたして彼のいうとおりになった、と思った。ここで急ぎ配下にいいつけて車馬の旅支度を整え、首都に向かう準備をさせた。

しらせを受けた王吉も喜んだ。ただ、劉賀は自身が長年にわたり奉侍してきた君王であるとはいえ、この少年の藩王のふだんのおこないを思い起こすと、同時に寒気も感じていた。いけない、さらに警鐘を鳴らさなければならない。そこで連日連夜上書して劉賀を戒めた。上書の大意は次のとおりである。

私の聞くところでは、商（殷）の高宗武丁は喪に服していた三年の間、ものを語らなかったといいます。いま大王は喪に際し徴召を受けており、当日は昼夜を問わず泣き続け、そのほかのことを絶対におこなってはなりません。大将軍霍光の仁愛・知勇・忠信の品徳は、天下に知らない人はおりません。彼は孝武皇帝に奉侍して二十年あまり、過失などあったことはありません。先帝は逝去されたとき、天下と幼子を彼に託しました。大将軍はなお襁褓《むつき》のなかにある幼主を助け、政令を発布し、人民を教化し、国家をして平安無事ならしめたのであり、たとえ周公・伊尹《いいん》といえども彼を超えるものではありません。いま皇上が世を去られ、男の子がなく、大将軍は皇位を継承すべき人について思考し、最終的に大王を選んだのであり、その仁義忠厚の心にどうして限りがありましょうか。私は大王に、大将軍に頼り、大将軍を尊敬するよう希望いたします。国家の大事はすべて大将軍の手配にしたがい、大王はただ垂拱《すいきょう》南面して（なにもしないで）君を称するだけで大丈夫です。願わくは絶えず私のこの言葉を思い起こされんことを。

おそらく劉賀は以前と同様、まじめにこの上書をみたのであろうが、まじめにみることとおこないをきちんとすることとは決して同一ではない。劉賀の性格は凡人のそれそのものであり、皇位を求めなかったときはかえって悠々自適になっているようであったが、いったん皇帝の冠を自身の頭にかぶせると、このわきあがる衝動は、だれにも御しがたいものになってしまった。そうしたなかで、プロローグともいうべき次のような一幕があった。

長安に向けて昼に出発した劉賀の車馬の大隊列は、夕暮れどきに定陶（現在の山東省菏沢市定陶区）に到着し、半日の間に一三五里を疾駆し、その途上ではつぎつぎと随行員の馬がのたれ死んでいった。

身辺に仕えていた郎中令龔遂《きょうすい》は、これでは行程に影響がでると思い、劉賀に速度を緩めるよう勧めた。しかしそれが聞き届けられるはずもなく、さらに朝廷では劉賀が昭帝の喪礼を取り仕切りにくることを待ち望んでいたため、非常時であればこそ旅程を急ぐことは理にかなっていた。そのため馬匹《ばひつ》の比較的劣る人員をしばらく昌邑王府に帰すことを提案し、劉賀は同意し、五十人以上の郎・謁者《えっしゃ》を帰還させた。

青銅盉《か》（主槨室東室南部より出土）

このときの劉賀の心はすでに皇宮にあり、出発前の王吉の忠告など、すでに忘れてしまったようである。彼は終始、皇位の継承と喪礼の取り仕切りとの関係がわかっていないようであり、公の場でしばらくおとなしくし、悲哀をよそおうことすらもできなかった。本筋から外れた余計なところで、道理にもとることがいくつか起こされた。

済陽に到着すると、劉賀は人を派遣して「長鳴鶏」をさがさせ、また途中で二本の「積竹杖」を買った。「長鳴鶏」というのは、よく通る声で長く鳴いて時を告げる鶏であり、道中の目覚ましに用い、旅程を急ぐことに役立てようとしたものであろうから、当然いくらか理解できる部分もある。しかし、「積竹杖」という漢代の杖についてはやや問題にすべきである。一説によれば積竹杖は普通の竹杖ではなく、何本かの細い竹をよりあわせてできた手杖であり、質は硬くとげを持ち、ゆえに「積竹刺杖」とも呼ばれた。わかりやすくいえば、これは「文雅」で携帯に便利な兵器であった。龔遂は劉賀がこの杖を買ったのをみて、急いで諌めた。「積竹刺杖は、傲岸不遜な馬鹿息子が遊ぶものであり、大王は先帝の喪礼を取り仕切りに行くのであり、この杖が何の役に立つのでしょうか？普通の竹杖を用いるべきでありましょう」。もしかしたら劉賀はもともと喪礼のために杖を用いるつもりではなかったのかもしれない。彼がその場に臨んで、悲哀のあまりしっかりと立っていられない状態になり、竹杖で支える必要が生ずるとは思えない。あるいは、道すがら純粋におもしろいと思ってもとめたのかもしれず、また彼が幼いときより患っていたリューマチの持病から、数本を買って発作にそなえたのかもしれない。しかし状況はどうであれ、龔遂からみれば、積竹杖は劉賀の身分にふさわしくなく、とりわけ大喪の時期には彼の孝行に対して人びとの余計な疑念を招きかねず、ゆえに力を尽くして諌めたのである。

弘農（現在の河南省霊宝市の北東）を通過したとき、劉賀は善という名の大奴をひそかに派遣し、途上で探しだした美女を衣車（幕で遮蔽された車）に隠させ、結果発見されてしまった。本来は藩王として、こんなことは大事として数えることもなかろうが、しかし国喪の時期においては事情が異なる。朝廷の特使は厳しく昌邑国相安楽を譴責《けんせき》した。安楽はこれを龔遂に伝え、龔遂が劉賀に謁見しこのことを問うたところ、劉賀はいいのがれをした。「なんでもない」。龔遂はいう。「大王と無関係である以上、大王はどうして奴僕のために礼儀を破るのでしょうか？善を逮捕し、関係する官員にまかせ、大王の名声を清めることを要請いたします」。そこですぐに善を捕らえ、衛士長に引き渡し法律にもとづいて罰した。

劉賀が長安に到着すると、朝廷は大鴻臚《だいこうろ》を派遣して郊外に迎え、劉賀に奉侍して皇帝専用の

陶鼎（4号墓より出土）

元平元年（前七四年）六月一日、
劉賀は皇帝の玉璽を受け、皇帝に即位した。

御車に乗り換えさせた。劉賀は昌邑国太僕の寿成に命じて車を馭させ、郎中令龔遂がつきそい、長安城に向かった。

夜明け時に壮麗な長安の東門に到着すると、龔遂はすぐに注意を促した。「礼儀によりますと、葬式にかけつけるものは国都に着くと、痛哭して悲しみをあらわすべきであります。前には長安外郭の東門があります」。しかし劉賀はこういった。「私はのどが痛く、泣くことができない」。城門の前にいたると、龔遂は再び注意を促した。すると劉賀はいった。「城門といっても郭門《かくもん》と同じではないか」。城内に入り、すぐに未央宮東門の楼闕《ろうけつ》（闕とは門の両脇の物見やぐらの台）に到達したところで、龔遂はいった。「昌邑国では、死者を弔う際の帳幕を御道の闕《けつ》外北側に設けます。帳の前には南北の通路があり、馬匹は行くことができないので、大王は下車し、門闕のところで弔問し、西方に向かい、地に伏して痛哭し、是が非でも哀悼の情を尽くすべきであります」。

人には誰しも感情がある。武帝の喪礼がおこなわれていたときには、劉賀の年齢はなお幼かったため、それほど心に印象を残したわけではなかった。しかしこのときは自ら昭帝の喪礼にのぞみ、一瞬の間、あの粛々とした雰囲気と場に押しつぶされて息もできないほどであった。あらためて考えてみると、昭帝は自身の叔父であり、それがこのように年若く天に召されるとはなんと残念なことであろうか。もし叔父が若くして亡くならなければ、どうして劉賀に今日のようなことがあろうか。そう思うと悲喜こもごもの感情が禁じえず、地上に腹ばいになって声をあげて痛哭したのである。

元平元年（前七四年）六月一日、劉賀は皇帝の玉璽を受け取り、帝位を継承し、上官皇后に皇太后の尊称をたてまつった。このとき劉賀はおよそ十八、九歳であり、上官皇太后は十五歳であった。

六月七日、劉賀の取り仕切りのもと、昭帝が平陵に安葬された。

## 2「二十七日間の天下」

劉賀が皇帝となっていた期間はたったの二十七日間であり、二十八日目に弾劾・廃位された。

この二十七日のうちに、彼は結局なにをしたのであろうか？　史書には具体的な記載が残されておらず、曖昧に「淫乱をおこなう」や「淫戯度無し」などというだけである。しかしこれは決して劉賀が廃されたことの真相ではない。以下のいくつかの事例は、我々がその手がかりをつかむのを助けてくれるであろう。

劉賀は皇帝を称した後、未央宮に移り住み、百官の朝拝に面して、のぼせ上がってしまい、さきの王吉の戒めを完全に忘れ去ってしまったのか、軽薄でわがままな本性がすぐに戻ってしまった。彼はかつて昌邑国で彼と飲食・遊びをともにした配下を全員長安に徴召し、思うままに破格の抜擢を行った。昌邑国相の安楽も長楽衛尉に任命され、長楽宮の安全・警備を担当させた。長楽宮は皇太后の寝宮であり、昌邑の旧臣を派遣してここを守らせたのであるが、その本心は別にあったのではなかろうか？　もしかしたら劉賀はそれほど深く考えていたわけではなかったかもしれないが、霍光はきっとすっきりしなかったであろう。

劉賀のおこないに対して、龔遂は恐れや不安

青銅提梁尊（北蔵槨東部酒器庫より出土）

朱雀と玄武の脚部をもつ青銅香炉
（主槨室西室南部より出土）

を抱き、わざわざ安楽を訪れ、泣きながら彼にいった。「大王が天子に立てられてからは、日増しに驕慢《きょうまん》となり、あの方を規諫《きかん》しても聞き届けていただけない。いまはなお喪の時期であるのに、あの方はかえって毎日のように近臣と飲酒して楽しみ、虎や豹の格闘をご覧になり、また天子の旌旗《せいき》がかけられた虎皮轎車を召し、それにのってあちこちを駆け巡り、やることなすこと正道を外れておられる。古の制度はゆるやかであり、大臣は職を辞して引退できたが、いまはやめたくてもやめられず、たとえ狂人のふりをしても見抜かれてしまう。死してなお人につばを吐かれるほどののしられるのではないかと恐ろしく、どうすればよいのか教えてくれまいか？　あなたは陛下の元来の丞相であり、なんとかして諫めてもらいたい」。しかし安楽は本来、頭を引っ込めた亀のような人間であり、龔遂の前では賛意を示しつつも、劉賀と会うと、逆にうんともすんともいわなかった。

不安で仕方がない龔遂は、機会を選んで面と向かって諫めるしかなかった。

機会はおとずれた。ある日、劉賀は殿堂西階の東側に、五〜六石もの量の青ハエの糞が堆積し、上に大きな屋根瓦がかぶせてある光景を夢にみた。劉賀はこの夢が何を意味するのかわからず、龔遂に問うた。これはまさしく龔遂の十八番の芸当であり、こういった。「陛下が読まれている『詩経』に、このような話がなかったでしょうか。「営営たる青ハエ、樊《まがき》に止まる（青ハエがブンブン飛んで垣根にとまる）。豈弟《がいてい》の君子、讒言《ざんげん》を信ずる無し」と。陛下の周囲には佞人《ねいじん》が多く、陛下が夢でご覧になった青ハエの糞と同じです。このため、先帝の大臣の子孫を選抜し、陛下の身辺の近臣侍従とすべきであります。昌邑国の故旧を置き去りにするのに忍びなく、この手の讒言《ざんげん》をおこなう阿諛追従《あゆついしょう》の徒を信任・重用するといわれるのであれば、必ず災禍が御身に降りかかるでしょう。願わくは陛下が禍を転じて福となし、これらの人びとをすべて朝廷から追い出されんことを。私は昌邑の旧臣として、真っ先にその矢面に立ちましょう」。しかし劉賀はこれらの悪友を捨てるに忍びず、龔遂の勧告を拒んで受け入れなかった。

太僕丞張敞《ちょうしょう》は劉賀が霍光をかたわらに放っているのをみて、彼の命運について憂慮し、上書して諫めた。「孝昭皇帝が年若くしてお隠れになり、御子もなかったために、朝中の大臣は憂慮し恐れおののき、賢く有能で神聖・英明な人を選んで帝位を継承させたのであり、東方に聖駕をお迎えしたときも、陛下につきしたがう車の行進がぐずぐずするのを恐れていたのであります。いま陛下はまさに働き盛りのご年齢でありますが、帝位につかれたばかりで、天下の人は目をこすってはっきりみえるようにし、耳をそばだててはっきり聞こえるようにしており、陛下が善政をおこなわれることを見聞きするのを待ち望んでおります。しかしながら、輔国《ほこく》の重臣がなお褒賞されていないのに、昌邑国の車引きの小吏が先に昇進を果たしており、これは大いなる間違いでありましょう」。劉賀はなおも聞く耳を持たなかった。

　劉賀のおこないは霍光の頭をも悩ませていた。自分が苦心して、通常の等級を超える七乗の馬車をもって迎えた新皇帝が、思っていたほど簡単な人物ではなかったとは、まったく予想できなかったのであり、即位より数日にして、すでにこの大司馬大将軍は眼中に置かれていなかったのである。

　まさしくこのとき、大胆でかつ危険な考えが彼の脳裏によぎった。彼は大司農田延年を招いて対策について諮詢《しじゅん》した。田延年は彼の信任するふるい部下であり、平素より彼のいいなりで、劉賀が朝中の大臣を遠ざけていることに対してはやくから不満を抱き、霍光の意図を知ると興奮していった。「将軍の身は国家の柱石であり、あの方がだめであると認識された以上、どうして太后に報告し、あらためて賢明な人物を選んで擁立されないのですか？」霍光はいう、「私はまさしくそうすることを考えていたのだが、古にこのような先例があっただろうか？」田延年はいった、「その昔、伊尹《いいん》が商朝（殷）の相をつとめたおり、国家の安定のために太甲を廃位し、後世の人びとはこれを伊尹が忠心から国のためにしたと褒め称えております。いま将軍がこれをおこなわれるのであれば、漢朝の

瓦当（五号墓前の祠堂から出土した建築材料）

伊尹となりましょう」。実際のところ、霍光の学識からすれば、彼が「伊尹 太甲を放つ」の故事を知らないということがありえようか。彼が期待したのは、それが別人の口から話されることであり、そうしてようやく彼は心のうちを落ち着かせることができたのである。

　ここで、霍光は田延年に給事中を兼任させ、もうひとりの腹心である車騎将軍張安世とともに、秘密裏に劉賀廃位について謀議した。

　しかしこのとき劉賀は事態をまったく把握できてはいなかった。ある日、彼は若い従僕を引き連れて外に遊びに出かけ、宮門を出た途端、光禄大夫夏侯勝が車駕の前をさえぎり、こう諫めた。「天気は久しくかげって雨が降らず、これは臣下が皇上に不利な陰謀をたくらんでいることを示しております。陛下は宮門を出て、どこに行かれるのですか？」劉賀は激怒し、夏侯勝が妖言を口にしたとみなし、命令を下して彼を捕縛し、官吏に付して処罰させた。

　夏侯勝の処理を担当した官吏は霍光に報告し、霍光は内心で驚き、張安世が計画を漏らしたと思い、彼を問責した。しかし張安世は漏洩したわけではなく、このため夏侯勝を呼んで問うた。夏侯勝は答えた、「『洪範伝』には『皇の不極、厥《そ》の罰常に陰《くだ》る。時則ち下人の、上に代わる者

母子虎紋玉剣璏《てい》（西蔵槨武器庫より出土）

有り』とあります。私はあえて明言しませんでしたが、『臣下のなかに皇上に対しよからぬことをたくらむ者がおります』というしかありませんでした」。霍光と張安世はそれを聞いて顔色が大いに変わり、廃位の謀議を急いだ。

　劉賀は即位してまもなく、やや専横になってきた。侍中傅嘉はたびたびの諫言によって劉賀の怒りに触れ、最終的には捕縛されて監獄に送られた。

　要するに、劉賀は即位したあと、一貫して興奮のなかに浸っており、皇帝という至尊の地位と、皇帝権の至高・無上なることしかみえなかった。重要事である大喪の期間において、なにをなすべきか、なにをなさざるべきか、即位したばかりのときには誰を信任し、誰を重用し、誰を褒賞し、誰を遠ざけるかという点にいたっては、一切知らず、あるいはまったく考えていなかった。心のおもむくままに動き、ただ一時の快楽を求め、昌邑王宮での振舞いを皇宮にも持ちこみ、あたかも真空中で生きるのと同様に、朝廷の奇怪さ、皇宮の危険さなどいささかも感じることはなかった。そのことは、必然的に彼の皇位を急速に終焉へと向かわせることとなった。

## 3　政変

　これは皇帝権の帰属をめぐる政治闘争であり、失敗しようのない宮廷政変といってもよい。双方の力量をくらべると、その差はあまりに大きすぎた。劉賀には天子の名があっても政治闘争の経験は少しもなく、権謀術数を理解せず、それに対する防備もなさず、チンピラやゴロツキのような烏合の衆を頼み、笑い話のなかで「なぜ霍光を排除しないのか」などといっているようでは、どうやって老獪で思慮深く、朝廷に深い基盤をもち、十年あまりにわたって専権をふるい政治をほしいままにしてきた霍光に対抗できるであろうか？　簡単にいえば、霍光が当時の権勢をもって劉賀を立てることができた以上は、廃することもできるのである。

　劉賀廃位の計画・準備が緒に就いたあと、霍光・張安世は田延年を派遣して丞相楊敞に報告させた。丞相は百官の長であり、大臣を招集して廃位の件を議論するにあたり、太后への上奏や皇帝の弾劾はすべて丞相の主催を必要とした。しかし前述のとおり、楊敞は肝っ玉の小さい人物であり、すでに丞相の位にあるとはいっても、依然として変化はみられなかった。霍光らの計画を聞くと、驚きのあまり汗が背中を流れ、なにをいえばよいのかわからず、ただ唯々諾々とするだけであったが、外観はそのようではあっても内心ではこれを是としたわけではなかった。田延年は話を伝え終わると、急に便意をもよおし、急いで厠に向かった。このとき楊敞の夫人があわただしく東廂房からやってきて、低く抑えた声で楊敞にいった。「これは国家の大事です。いま大将軍の計画はすでに定まり、大司農を派遣してあなたに知らせたのです。あなたがここでぐずぐずして即答せず、大将軍と意を同じくすることを示さなければ、御身を滅ぼすほどの災いを招くでしょう」。田延年が厠から客間に戻ると、楊夫人は隠れようとして間にあわず、あきらめてむしろ堂々と談話に加わり、「すべて大将軍の指図を受ける」ことを表明したのである。

六月二十八日、劉賀はまた遊びのために外出した。

霍光はこの機をのがさず、丞相・御史・将軍・列侯・中二千石・大夫・博士を招集し未央宮において会議を開いた。霍光はいった。「昌邑王のおこないは乱れており、国家に危害がおよぶことを恐れている。いかにすべきか？」

群臣はひとたび聞くと全員が驚いて色を失い、だれもあえて発言せず、うん、はあ、などと適当にごまかして、どうすればよいのかわからずにいた。

まさにこのとき、ふと田延年が席を離れ、群臣の前に進み、手を剣の柄にかけて大声でいった。「先帝は幼弱な孤児であったために将軍に付託され、国家の大事は将軍に一任されたが、これは将軍の忠義・賢明さが、劉氏の皇統を保つことができるとお信じになったためである。いま朝廷は奸佞《かんねい》の小人のために無秩序となり、国家はまさしく危急存亡のときを迎えている。まして我が大漢の歴代皇帝の諡号《しごう》にはみな「孝」字があり、これは皇統が永久に存在し、宗廟の祭祀が絶えず続けられるためである。もし漢家の祭祀が断絶すれば、将軍がたとえ死去しても、なんの面目あって地下の先帝にまみえようか。今日の会議は、すぐに決断を下すべきであり、群臣に遅れて呼応する者があれば、私は剣をもってその首を斬ることを求める！」

霍光は思わせぶりにうなずいて誤りを認め、こういった。「大司農の私に対する責めはもっともである。国家が安寧でなくなれば、私は処罰を受けるべきであろう」。そこで会議に参加した人びともみな叩頭《こうとう》していった。「万民の命運は、将軍の手中に握られており、すべて将軍のご命令に服します！」

青銅車馬管状飾

霍光はただちに群臣とともに太后に謁見し、太后に報告し、昌邑王劉賀が皇位を継承しえない状況を述べた。そこで皇太后は車駕に乗って未央宮承明殿に向かい、詔を下して皇宮の各門を閉めきるよう命じ、昌邑の群臣を入内させることを許さなかった。

劉賀は太后への朝見を終え、車に乗って温室殿へ帰る準備をしたが、禁宮の宦官はすでにそれぞれ門扉をつかみ、劉賀が進み入るのを待って、宮門を閉じ、昌邑の群臣が入内できなくさせた。劉賀は少し不思議に思い、たずねた。「これは何をしているのか？」

霍光は地に跪いて答えた。「皇太后の詔により、昌邑の群臣が宮に入ることは許されません」。

劉賀はなおも理解できずにいった。「そのうちに申しつければよいことであろう。なぜこうもぎょうぎょうしくするのか、驚くではないか！」

霍光は昌邑の群臣百人あまりを金馬門の外に追い出すよう命じ、車騎将軍張安世により率いられた羽林軍が彼らを全員逮捕し、廷尉所属の詔獄に送った。また昭帝時代に侍中を担当していた宦官に命令して劉賀を見張らせ、あわせてとくに彼らを戒めていった。「心して厳しく警護せよ。もし彼が突然死ぬか、あるいは自殺するようなことがあれば、私は天下の人びとに詫びなければならず、上に背き主を殺したという悪名をかぶることになってしまう」。

このときにあっても、劉賀はまだ、今まさに自分が廃位されようとしていることを悟っておらず、身近の人間に問うた。「私のかつての群臣や従僕は、なんの罪を犯したのか？　どうして大将軍は彼ら全員を拘禁したのか？」

まもなく、皇太后が詔を下し劉賀を召しよせた。劉賀は太后が召したと聞き、にわかに恐れを抱き、こういった。「私が何の過ちを犯したのでしょうか？　太后はどうして私をお召しになったのでしょうか？」

審判が始まった。太后は珠玉をちりばめた短衣を身につけ、厳然として武帳のなかに坐し、数百名の侍衛がみな武器を手にし、戟を持つ期門の武士とともに殿下に整列した。文武の群臣は官位の高低により順次殿に上がり、さらに昌邑王を召して地に伏させ、詔書が読み上げられるのを待った。

霍光と群臣は連名で昌邑王を弾劾し、尚書令によりその奏章が読み上げられた。

丞相楊敞らは死を冒して皇太后陛下に上奏いたします。孝昭皇帝は若くして天下をお棄てになって世を去られ、朝廷は使者を派遣して昌邑王を徴召し、喪葬の礼をつかさどらせました。昌邑王は喪服を身にまといながらも、悲哀の心はなく、礼義をわきまえず、路上においても生臭物を絶たず、さらに随行の官吏に婦女を掠奪させ、大きな幕で覆われた車で運び、途上の駅で一夜をともにしました。長安に到着したばかりで、皇太后に謁見してから、皇太子に立てられても、いつもひそかに人を遣わして食用の鶏肉・豚肉を買わせました。孝昭皇帝の霊柩の前で皇帝の璽印を受け取り、自らの居室に戻り、璽印を開いてからは、再び封をすることはありませんでした。また侍従の官吏に皇帝の符節を持たせ、昌邑国の侍従官・車馬官・官有の奴僕等二百人あまりを招かせ、彼らと一緒に宮廷のうちに住み、ほしいままに娯楽にふけりました。かつての手紙にはこうあります、「皇帝は侍中君卿を見舞い、とくに中御府令高昌に黄金千金を持たせているので、これを君卿に賜い十人の妻を娶らせる」。孝昭皇帝の霊柩はなおも前殿にあるのに、ついに楽府の楽器を持ちこみ、昌邑国の歌舞をよくする芸人を宮に入れて鼓を打たせ、歌い弾かせ、観劇にふけり、また泰一《たいいつ》祭壇や宗廟のまえに歌舞芸人を呼びよせて、各種の楽曲を演奏させました。天子の車駕に乗り、北宮や桂宮のなかを疾走し、豚をもてあそび虎の格闘をおこないました。皇太后がお乗りになる小馬車を勝手に利用し、官有の奴僕に命じて騎乗させ、後宮内で遊びました。蒙と呼ばれる孝昭皇帝の宮女らと淫らな行為におよび、さらには詔を掖庭令《えきていれい》に下しました。「あえてこのことを漏洩する者は腰斬に処す！」と……

ここまで読み上げたところで、年わずかに十五歳の太后はもはや聞くに堪えず、声を荒げていった。「やめよ！臣子たる者が、どうしてこのように道徳に反し自堕落なことをできるのか！」劉賀はまずいことになったと思い、急いで席を離れ、地に伏して許しを請うた。尚書令は引き続き読み上げた。

……朝廷が諸侯王・列侯・二千石の官吏に賜う綬帯や黒綬・黄綬を、昌邑国の郎官や奴僕の身分を免除された人びとに賞賜し帯びさせました。皇家の倉庫にある金銭・刀剣・玉器・彩色の絹織物などを一緒に遊んだ人物に賞賜しました。侍従官・奴僕と夜を徹して飲み明かし、酒に酔って酩酊しました。温室殿において

皇太后は武帳のなかに座し、詔を下して霍光が群臣と連名で劉賀を弾劾した奏章を批准し、劉賀はこれにより玉座から引きずり下ろされた。

盛大な九賓大礼《きゅうひんたいれい》をおこない、夜に単独で姉の夫である昌邑関内侯に接見しました。なお宗廟祭祀の大礼が挙行されていないのにもかかわらず、正式の詔書を頻発し、使者を遣わして皇帝の符節を持たせ、三太牢（牛・羊・豚三頭ずつ）の大礼をもってその父である昌邑哀王の陵廟での祭祀に赴かせ、さらには自ら「嗣子《しし》皇帝」と称しました。即位以来の二十七日、四面八方に使者を派遣し、皇帝の符節を持たせ、詔令をもって各官署に調発させること、あわせて一一二七回にもおよびます。荒淫にして、帝王の礼義を失い、漢家の制度を乱しております。楊敞らは数次にわたって諫めましたが、改められることはなく、かえって日増しにひどくなり、このようなことでは国家に危害がおよび、天下を不安に陥れることが懸念されます。臣らは博士官と協議し、一致して次のような認識を得ました。「近頃の陛下は孝昭皇帝の帝位を継がれたものの、おこないは淫邪にして法度《はっと》をお守りにならない。『孝経』に「五刑の属三千、罪 不孝より大なるは莫《な》し」という。かつて周の襄王が母親に孝順ではなかったため、『春秋』に「天王 出でて鄭に居る」とあるように、その不孝により周を出て鄭の国に居したのであり、天下を棄てることを迫られたのである。宗

廟は君王よりも重んじられるべきであり、陛下が天命を受け、宗廟に奉侍し、民を愛すること子の如くすることができない以上、廃位すべきであろう」と。臣らは太后陛下に伏してお願い申し上げます、どうかこのことを一太牢（牛・羊・豚一頭ずつ）の祭祀大礼をもって高祖皇帝の祭廟に祭告するよう、関連部門にお命じください。

皇太后は詔を下して「許可する」といった。ここにおいて霍光は劉賀に立つよう命じ、皇太后の詔書を拝受させた。

このようにして、劉賀は茫然自失の状態で、皇帝の玉座から引きずり下ろされたのである。

しかし彼は最後に一縷《いちる》の望みを託しており、このように弁明した。「天子に争臣七人有らば、無道と雖《いえど》も、其の天下を失わず（天子に誠意をもって諫言する七人の大臣がいれば、たとえ無道であっても、天下を失うことはない）、というではないか」。

霍光は遠慮なく答えた。「皇太后はすでに詔によりそなたを廃したのだ。どうして天子を名乗れようか！」そして劉賀の手をつかみ、彼が身につけている玉璽の綬帯をほどき、皇太后に献上した。そして劉賀が殿を下るのを助け、金

青銅雁形席鎮
（西蔵槨娯楽用具庫より出土）

馬門から皇宮を出た。群臣はそのうしろに付きしたがい、これを送った。

劉賀は突如として起こった変事によりひどく眩暈《めまい》がして、頭のなかが真っ白になった。皇宮を出て外の風に当たり、やや冷静になった後、西に向かって叩頭していった。「私は愚かであった、漢家の大事を担うことができなかったとは！」いい終わって身を起こし、御駕の副車に登ると、霍光が自ら長安の昌邑王邸に見送りにきた。別れにのぞむ前、霍光は詫びた。「大王のおこないは自ずから上天に背くものでありました。私は大王に背くことになろうとも、あえて社稷《しゃしょく》に背くことはできません。くれぐれもご自愛ください。ただ私は再び大王の左右に奉侍することはできないでしょう」。いい終わると涙を流して去った。

劉賀が送られたあと、この廃位された皇帝をいかに落ち着かせるかについて、すぐに議事の日程に上された。文武百官の多くは態度が定まらず、廃位の議が提起された当初、群臣は驚いてあえて話さなかったものの、すでに皇帝廃位が確実となると、個々人が異常に活発となり、口をそろえるように太后に上奏した。「古では、廃位された人は、遠方に放逐し、再び政治に参与させることはありませんでした。昌邑王劉賀

を漢中郡の房陵県に遷すことを要請いたします」。いったん玉座を離れると誰も遠慮はしないものである。しかし霍光に操られた太后はこの建議を受け入れず、詔書を発し、劉賀を昌邑の故居に戻し、二千戸を賜与して湯沐《とうもく》の邑とし、彼が昌邑王であったときの家財もすべて彼に返し、彼の四人の姉妹には、それぞれ千戸の湯沐の邑を賜与した。同時に昌邑国を廃し、山陽郡に改めた。

劉賀が昌邑の故国に帰されたのと同時に、霍光は命令を下して昌邑の群臣を厳しく取り調べさせた。その罪名は、第一に封国において劉賀の過ちを奏上せず、朝廷に真実の状況をわからなくさせ、誤って劉賀を皇帝に立てさせたことであり、第二に君臣の誼《ぎ》、輔導《ほどう》の責を尽くさず、劉賀を誤った道に入らせ、罪悪に陥れたことである。取り調べの結果、二百人あまりがみな逮捕されて獄に下り、死刑に処された。これらの人びとは替え玉ではなく本人であることを確かめられ、市中に引き回されて観衆に示されたときに、意外にも大声で叫んだ。「決断すべきときに決断しなかったばかりに、かえって霍光の反乱を受けるとは！」思うに劉賀の従僕の中には本当に霍光の排除を企図していた人物がいたようであるが、彼らは考えたことがあるであろうか、たとえ劉賀が機会を逃さず即座に決断を下したとしても、彼らはなにに頼って霍光を打倒したというのか？長楽衛尉——あの肝っ玉の小さい安楽にであろうか？果たして本当にそうであるならば、劉賀は二十歳にも満たずにあの世に送られていたであろう。

昌邑の旧臣のなかで中尉王吉・郎中令龔遂だけは忠正梗直で、多数にわたり劉賀を諫めたために、死罪を免除された。しかし死罪を免じられたとはいえ、生きながら受ける苦しみからは逃れがたく、頭髪を剃らされ、罰として「城《じょう》旦《たん》」（徒刑の一種）となり、昼には長城を守り、夜には苦役に服した。宣帝が即位した後、彼らはあらためて任用された。劉賀の師であった王式も逮捕されて獄に下り、罪は死刑に相当したが、彼は『詩経』三〇五篇をもって王を諫めたと弁明し、最後には難を免れた。

# 五、悲しき海昏侯

劉賀が廃されると、広陵王劉胥《りゅうしょ》はひとしきり興奮した。今回はどう転んでも自分の番にちがいない。まさに彼が非常に満足げにして、彼を迎え皇帝に立てるという朝廷からの璽書を待っていたときに、忽然と彼の甥の子劉病已《りゅうへいい》が皇帝に即位するという知らせが届いた。巫女によりなにがなんだかわからなくさせられていた劉胥はまた呆然としたが、彼はなおもあきらめてはおらず、呪詛《じゅそ》の術をもてあそび、劉病已が昭帝のように短命に終わるか、あるいは劉賀のように廃位されることを望んだが、のちにことが発覚し、自殺して身を滅ぼすにいたる。

宣帝劉詢像

劉病已（後に劉詢《りゅうじゅん》と改名）はすなわち漢の宣帝であり、前漢において祖・宗の廟号を受けた四皇帝（高祖・文帝・武帝・宣帝）のひとりである。彼は幼いときより民間で成長し、才能が優れ学問を好み、経学に精通しており、また遊侠を好み、広く交際し、さらに闘鶏や乗馬もおこない、したがって生活の閲歴は豊富であり、見識はひろく、洞察力にすぐれ、百姓《ひゃくせい》の疾苦、吏治の得失に対して理解するところが多く、霍光の専権や劉賀の廃位についても大まかには見聞していた。そのため、自己顕示欲が強くわがままな劉賀とは相反して、宣帝は即位のときより、慎み深さや控えめさを保ってきた。彼は霍氏の一族が朝廷に根を深く下ろし、自身の勢力が孤独に等しい状態にあり、才気をひけらかせば劉賀の二の舞になるであろうことをはっきりと理解していた。当然、彼も十分理解していることではあるが、霍光は権謀術数の名手であり、彼が身辺にいることに、内心ではびくびくしており、針のむしろに座っているかのようであった。しかし彼は忠臣でもあり、先帝を十年余りにわたり輔佐し、誰もが彼を褒め称えていた。一方で老臣でもあり、不老長寿でいられるはずもなかった。そのため、宣帝は霍光を遠ざけないのみならず、かえって霍光をいっそう信任・信頼することを態度で示した。霍光が丁重に政権を宣帝に返還する旨を表明したときも、彼は再三再四それを承知せず、むしろことの大小にかかわらず、まず霍光に報告し、そののちに皇帝に上奏するよう宣布したのである。

ここで再び劉賀に目を向けよう。劉賀は即位したとき十八、九歳であり、宣帝とそれほど差はなく、霍光が以前は昭帝に対して、のちに宣帝に対しておこなったように、劉賀に政権返上を申し出たならば、劉賀はどのような反応を示したであろうか？嘘を本当のことと信じ、そののちに彼を賞賛しつつ慰め、大将軍を解雇して家に帰し天寿を全うさせたのであろうか？史料に記載がないため、想像するしかない。

劉賀を鑑として、宣帝は本心を包み隠して外に出さなかったのであり、それは彼を皇位に安座させただけではなく、「中興」の主としたのである。

宣帝が即位してから六年目（前六八年）、霍光は逝去し、宣帝は親政を開始した。論議されることの多いこの権臣に対して規格外の厚葬をおこなったあと、霍氏一族は朝廷からじょじょに排除されていった。

それと同時に、隠れた影が次第に彼の脳裏をよぎるようになった。皇叔、つまり廃位されたあの天子は、いまどうしているのであろうか？

## 1　囚龍野に在り

俗語にいう、「人は高きに赴き、水は低きに流れる」と。昌邑王の地位は、九九パーセント以上の人びとにとって絶対的な「高き」ところにあったが、藩王である劉賀にとって「高き」ものは皇帝だけであった。歴史は彼に機会を与え、非常の時期にあって、「天 大任を斯の人に降し」、彼をはっきりと皇帝の地位に据えたのである。しかし彼はこの機会を有効に利用することなく、目の前の獲物は飛んでいってしまった。飛んでいっただけではなく、彼の顔に糞を垂らし、騒ぎを引き起こした。

青銅染炉（主槨室東室南部より出土）

劉賀を皇帝に変え、それによって彼の命運を変えたのは霍光である。もし霍光の権力・欲望がそれほど強くなければ、当初は群臣の「咸《み》な広陵王を持す」という意見にしたがい、劉賀は未央宮における慌ただしい旅客という経歴もなく、彼の二百人もの昌邑の旧臣も刀下の鬼となることはなかったであろう。劉賀のおこないがまともではなく、とりわけ皇帝としての期間は、帝王の身分とつりあっておらず、容易に人に弱みを握られたとはいえ、彼は決して大奸・大悪の人ではなかった。たとえば藩王・皇帝として、彼はもとよりひとりも殺してはおらず、王国にいたときにも「淫乱」の汚点は残していない。「荒淫迷惑し、帝王の礼儀を失い、漢の制度を乱す」という罪のすべては、即位後わずか二十七日の間に犯されたものであった。

なぜ廃されたのか？その隠された事情は霍光の心理に最もはっきりあらわれている。霍光が本当に心配していたのは、主として劉賀の「淫戯して度無し」ではなく、より重要なのは彼が独自の意見を持って流されず、自分のやり方を貫くという点であり、将来彼が手に負えなくなることを懸念し、ゆえに迅速に政変を発動し、数多くの罪名を列挙し、太后の批准を奏請し、彼を廃したのである。

漆盤（西蔵槨娯楽用具庫より出土）

なぜ殺さなかったのか？これも恐らくは霍光の複雑な心理と大いに関係している。第一に、劉賀は霍光により擁立された皇帝でありながら一か月にも満たずして廃され、大漢の皇統のためという正当な理由があったとしても、内心のやましさはやはりあり、そのことは霍光が自ら劉賀を長安の昌邑府邸に護送し涙を流して別れを告げたことからもうかがえよう。第二に、劉賀はすでに「孤立の君」であり、たったひとりの廃帝が、霍光に対して脅威となることはありえず、殺して禍根を断つ必要もなかった。第三に、廃帝を生きて残しておくことで、主殺しの汚名を避けることができるだけでなく、将来の新皇帝が在野の「囚龍」の牽制を受けることにより、自身が政局をコントロールし続けるのに便利であった。最後にもうひとつ、劉賀は孝武皇帝（武帝）と孝武皇后のたったひとりの孫であり、霍光が武帝の臨終に際し後事を託されたのにもとづき、李夫人を孝武皇后と追尊し、劉賀を特別な意味をもつ嫡孫としたことが、あるいは劉賀が廃位されながら身命を全うして引退しえた原因のひとつであったかもしれない。

いずれにせよ、劉賀の命は保たれたのであったが、かつてのような活気に満ちた少年昌邑王のすがたが再び戻ることはなかった。

二十七日間という皇帝としての生涯は、劉賀にとっては、はかない夢のようであり、夢が覚めたときには、すでに天国から地獄に突き落とされ、藩王にすらなれなかったことに気づくのであった。

昌邑王府に戻ると、もとよりあった家産は一文として減っておらず、また二千戸の食邑があったが、昌邑王国はなくなり、藩王の身分も失われ、陪臣や遊び相手も死に、王吉・龔遂のくどくどとした説教すらも聞こえなくなり、これは二十歳にも満たない彼にとって、心身に致命的な傷をあたえるものであった。

劉賀はもとの昌邑国において、長く果てしない十一年を過ごすこととなった。彼はいったいどのようにして辛抱していたのであろうか？史書は詳細な記載を残してはおらず、当時の山陽太守張敞の上奏から、わずかなことをうかがい知ることしかできない。

劉賀のあとに即位した宣帝にとって、劉賀は依然として潜在的な脅威であった。太后が劉賀を処置した詔令において、明確に彼を庶人に落としておらず、むしろ二千戸の食邑を賜与したことは、劉賀の皇族としての籍が依然として保たれていたことをあらわすこととなった。ゆえに、宣帝はこの、野に下った囚龍に対して、内心はばかるところがあった。

地節三年（前六七年）、霍光が死去して二年目に、宣帝はすぐに劉賀を諫めた張敞を山陽太守に任命し、劉賀の動向を注意深く見張るよう命じた。

元康二年（前六四年）、宣帝はまた張敞に、わざわざ劉賀をターゲットとした秘密詔書を渡し、彼に「慎んで盗賊を防ぎ、往来の旅客を監視する」よう命じ、あわせて「この詔書を下の者に漏らしてはならぬ」といい聞かせた。

密命を受けると、張敞はすぐに調べた状況を奏書に記し、ひそかに宣帝に報告した。上奏の大意は次の通りである。

……前昌邑王はなおも以前の宮中に住み、宮の奴婢は全部で一八三人おり、つねに大門を閉じ、小門のみを開け、わずかにひとりの清廉な小吏が劉賀より財物を受け取り、そのあと市場に赴いて物を買っております。毎朝一回の食事を運び込むだけで、その他の出入りはありません。盗賊担当の巡査が、往来する人物に注意しています。以前の王府の銭をもって士卒を雇い、宮室を守らせています。室内をきれいに片付け、盗賊に備えております。臣張敞はしばしば郡丞と僚吏とを派遣して巡察させています。

地節四年九月中、私は訪問を名目として、自ら宮中に赴き彼の状態を視察しました。至近距離での観察と話合いを通じて、おおよそ二十六、七歳の前昌邑王が、身体は大きいとはいうものの、病的状態にあり、歩行すらもままならないことがわかりました。当時短い着物と長い袴を身につけ、恵文冠をかぶり、玉環を佩《お》び、さらに髪には筆を差し、手には木牘《もくとく》を持ち、私をみるなり、急ぎ足で謁見しました。私は彼と庭に座り談話し、彼の反応をみようと思い、フクロウの話で彼に探りを入れました（フクロウは不吉な鳥とされている）。「昌邑国にはフクロウが多いですね」。劉賀はゆっくりと答えました。「そうです。以前私は西のかた長安に行き、そこにはフクロウはいませんでした。帰るとき、東のかた済陽にいたり、そこでフクロウの鳴き声が聞こえたのです」。彼は犯した不孝の罪について悔やむところがあったようです。

……私が劉賀の身なり・言動・立振舞いを観察したところ、明らかに呆けてぼんやりとしていました。さらにわかったのは、彼には全部で十六人の妻、二十二人の子女がおり、子女のうち十一人は男子で、十一人は女子であったということです。その父である昌邑哀王の歌女・舞女張修ら十一人には、子供がおらず、また妾《はしため》ではなく、全員が良家の娘です。私は、昌邑哀王が早くに世を去り、法律にもとづくとなおもここにとどめておくべきではないと思い、彼女たちを実家に帰すよう要請いたしました。しかし意外にも劉賀は彼女たちの自生自滅にまかせるべきだというのです。彼は結局仁義の心を有しがたく、天性は国を乱し家を破る人とみるべきです……

この上奏に対する検討・判断を通じて、宣帝はようやく心の重荷を下ろし、劉賀を自身に対する脅威とはならないとみなした。

当然、人生の巨大な変化を経た劉賀は、いまはすっかり昔とは異なり、いかに自身を守るかを知っていた。張敞が観察したのは、彼の演技に過ぎなかったのかもしれない。しかし、ひとつ偽装しがたかったのは、歩行に影響が出るほどのリューマチである。昌邑の故国に帰ってから、劉賀の病はじょじょに重くなり、もしかしたら、劉賀は自分の身体が次第に悪くなり、残された時間が長くはないことを予感したために、かつて昌邑城があったところの近くに自身のために大きな墓を造営したのかもしれない。この墓が造営された事情については史料に記載がないが、今日すでに山東省南西部の著名な観光地となっている。

　報道によれば、現在の山東省巨野県に金山と呼ばれる山があり、「石を開鑿《かいさく》し金をえたところから名づけられた」という。南北一・五キロ、東西約一キロ、海抜一三三メートルの山で、山上にある人工の洞窟は、気宇壮大で神技としか思えないほど見事につくられ、当地の人々はこれを金山大洞と呼んでいる。当地の文物部門の考証をへて、この洞窟が二千年以上も昔の前漢昌邑王劉賀の廃墓であることがわかった。専門家はこういう。「劉賀は慣例にしたがって自分のために墓を開鑿し、のちに彼が海昏侯に落とされたために、この墓は使用されることはなく廃棄された。墓の規模は非常に広大であるが、内部には副葬品がない。我々巨野の劉氏の末裔は調査されるのを好まない。というのも、この土地は黄河の氾濫地域に属し、黄河に近く、数次にわたり黄河が決壊したことにより、現在当地に生活する人々はすべて明代以降に来たのであり、劉賀の末裔はいないはずだからである」①

青銅雁魚灯
（北蔵槨東部酒具庫より出土）

　劉賀がすでに病人であったとはいえ、宣帝はなおも彼がもとの封地において地盤を築きあげ、時間がたって災いとなることを懸念していた。そのため、張敞が宣帝に上奏した翌年、すなわち元康三年（前六三年）三月に、劉賀を海昏侯に封じた。詔の文面にはこうある。「昔、舜の弟である象が罪を犯し、舜が帝を称したのち、彼を有鼻の国に封じたと聞く。骨肉の親は別れてしまったとはいえ、ともにひとつの根から生ずるものであり、変えられるものではない。いま前昌邑王劉賀を海昏侯に封じ、四千戸の食邑を与える」。金安上という名の近侍の官吏が機に乗じて宣帝の歓心を買おうとして、劉賀の傷口を広げるかのように、上書していった。「劉賀は天が棄てた人でありますが、陛下はきわめて仁厚にして、彼を列侯に封じました。劉賀が愚頑《ぐがん》廃棄の人である以上は、宗廟の祭祀、天子の朝見といった礼儀に参加させるべきではありますまい」。この意見は宣帝の裁可を得た。

　劉賀に対するこのような処置は、宣帝の政治的な知恵を反映している。宗室関係に配慮し、皇帝の恩の壮大さを体現しながら、さらに政敵を放逐し、隠れた災いの種を排除したのであり、一挙両得というべきであった。

　これより以後、劉賀は新たな肩書き――海昏侯を得、皇室の身分も回復されたが、宗廟を祭祀し皇帝に朝見するような権力は喪失した。こ

山東省巨野県金山大洞——昌邑王廃墓

れは祖を尊び孝を重んじた漢代において、政治的な権利を終身にわたって剥奪されることにほかならず、災いの上に生じたさらなる災いにより劉賀の心身は完全に打ち砕かれたのである。

## 2　海昏国に放逐される

前漢の侯国は県と同級であり、封ぜられた者はみな列侯と称される。列侯は封国において民戸より賦税を徴収し、経済的な特権を享受するだけで、政治に関与することはできなかった。列侯の階級の高低は、主として受封した戸数の多少を基準としており、小さいものでは数百戸、大きいものでは一万戸に届くものもおり、ひいては宣帝期の霍光のように二万戸に達する列侯もいた。列侯の種類には王子侯（諸侯王の子）・功臣侯・外戚恩沢侯などがあり、そのなかでも数が最も多かったのが王子侯であり、四二〇以上にもおよんだが、その絶対多数は受封戸数が千戸以下であった。劉賀のように廃されたあとに名分もなく食邑二千戸を有し、さらに海昏侯に封ぜられて四千戸に達するという例は多くない。

　海昏国はおおむね劉賀が列侯に封ぜられた後に、海昏県より改名して成立した。海昏県は漢代の予章郡（現在の江西省）北部に位置し、漢初に設置された「予章十八県」のひとつである。その範囲はおおよそ現在の永修・安義・靖安・奉新・武寧などの諸県および南昌市新建区の北東部分を含んでいる。予章の地は江南に位置し、贛江《かんこう》が南北に貫き、河川・湖沼が縦横に交錯し、水陸の交通に便利で、当時中原から嶺南に向かう交通ルートのひとつであった。しかし開発が遅れていたことから、漢代においては辺境の後進地域であった。かつ南北の差が比較的大きく、

劉賀は恋々として去るに忍びないながらも故郷の山東巨野を離れ、江南の予章郡海昏県に移住した。

予章の南部はなおも荒蛮地帯であり、北部は相対的に発達していた。海昏国はその相対的に発達した地域に属していた。

なぜ「海昏」と呼ぶのであろうか？ 史書に明確な記載がないため、学界ではこれまで諸説紛々として定説がなかった。

比較的よく知られている説として、次のようなものがある。「『海』の古代漢語における意味は、私たちが今日いうところの『湖』であり、現在の雲南・チベットなどではなおも『湖』を『海』と呼んでおり、北京の『中南海』や『北海』の例は人々によく知られているところであろう。『昏』については、甲骨文字では人が横向きに立って手を伸ばし、手の下に太陽があることをあらわしており、それは今日の『昏』字からもぼんやりと識別できる。『昏』字の本義は夕暮れである。古の人びとは日の出と日の入りにもとづいて東西の方角を判断していた。『東』の字形は太陽がのぼったばかりで木の幹にさしかかるさまを示しており、これにより『東方』をあらわしている。では、太陽が人の手の下に沈んだ『昏』は、自然に『西方』を示していることとなる。そのため、『海昏』をいいかえるならば、『湖西』、すなわち『鄱陽湖《はようこ》の西』となる」。②

こうした見方を否定する意見もある。「漢代では鄱陽湖は彭蠡沢《ほうれいたく》と呼ばれ、湖の面積はもっとせまかった。海昏県は、彭蠡沢から数十里離れており、また彭蠡沢の南側にあったから、もとより鄱陽湖の西になかったと確実にいえる……『海』については、古の人びとは大きな湖を海と呼んでいた。すなわち数十里の外にある彭蠡沢（のちに鄱陽湖の西に移る）がそれである。『昏』については、『空の色が暗くなるとき——夕暮れ』を指す。海昏県が水陸の交通ルートにあたることにより、長江・彭蠡沢から南下するか、贛《かん》江《こう》・修水・盱江《くこう》などの河川に沿って彭蠡沢を北上するかを問わず、すべて海昏県昌邑城や慨口《がいこう》などの交通の要所を経由しなければならず、あたかも空色が暗くなり、夕暮れに宿を探し求める時間であり、このため、地理的・時間的な問題から『海昏』の名を得たのである」。③

海昏県管轄区地図

またある人は政治上の褒貶という切り口から「海昏」という名称の由来を詮索する。劉賀が「海昏侯」に封じられた、この「海昏」という名は、政治上の象徴の意味を有していた可能性がある。「昏」については、霍光が「昌邑王が昏乱をおこない、社稷を危うくせんことを恐る」と指弾した、この「昏乱」と関係があるはずである。「海」字については、自然地理概念としての「海」とは何の関係もなかった可能性が高い。そのもともと有していた真の意味は、「晦」であったかもしれない。劉賀の「海昏侯」の「海昏」は、あるいは「晦昏」と読める。「晦」には「黒きこと晦の如し」「黒くして晦なり」あるいは「穢《わい》濁《だく》」「晦濁」といった字義がある。このように理解すれば、「海昏」の名が劉賀の道徳水準、行為・風格や施政を全面的に否定するものであることが明らかとなろう。④

予章郡は、劉賀にとっては、遠く数千里の外にあり、人も土地も不慣れであった。彼をここに封ずることは、何ら皇帝の恩を感じさせるものではなく、流刑であることははっきりしていよう。しかし、彼にはどうすることもできず、強いて喜んだ顔をつくり、万歳三唱し、皇帝の恩への感謝を口にしたのである。誰が自分を自己顕示欲が強くわがままにすぎ、政界の失敗者となったと呼べようか？

しかし話をもとに戻せば、霍光か当時の皇帝かを問わず、みな自分に対して徹底的に迫害し、草を切り根を除くことはなかったのである。いまは命がまだあり、巨額の資産もまだあって、妻や妾は群れをなすほどおり、子だくさんで、それは不幸中の幸いともいえるであろう。まして海昏は朝廷より遠く離れ、皇帝の力もそこまでにはおよばず、逍遥自在に楽しんでいた。この点を思うたびに、劉賀の心情はずいぶんやわらいだであろう。

劉賀は家族を率いて朝廷の派遣した兵士に守られながら、千里はるばる遠く辺鄙な予章郡に来た。一説によれば、海昏に定住した後、さらに民間の工人を徴発し、周囲に高い土城を築いたが、ひとつには土匪・強盗の侵入を防ぎ、ふたつには洪水の流れ込みを食い止めるためであった。また劉賀は、依然としてもとの昌邑王という封号にこだわり、この新築の城を「昌邑城」と名づけた。現在、新建区北部には昌邑という地名がある。のちに昌邑城西側のほど近いところに、侯国の都城として新たな城を建設し、のちの人はこれを「紫金城」と呼んだ。

紫金城の遺跡は、南昌市新建区鉄河郷東紅村に位置する。近年の考古学的発掘とボーリング調査を通じて、「紫金城址、歴代海昏侯墓園、貴族・平民の墓地などを中心とする海昏侯国の一連の重要遺跡を発見した。文献の記載と照合すると、紫金城址が漢代海昏国の都城であり、紫金城址の西と南が数代の海昏侯の墓地、貴族や平民の墓地であったことがほぼ確認できる。紫金城の面積は約三・六平方キロ、内城と外城にわかれている。内城は城区の東部に位置し、宮殿区であり、その面積は約一二万平方メートルである」ことが確かめられた。⑤

「昌邑城」と「紫金城」とは、ともに後人が過去のことを述べたものであり、ふたつの城址がすでに考古学的に発見されているとはいえ、ひとつ指摘しておかなければならないのは、昌邑城も紫金城も、当時の名称ではないであろうことである。地名の取捨・変更は必ず朝廷に奏請し批准されなければならない。劉賀は廃帝より侯に封ぜられたのであり、表面上は封建であるがその実態は左遷であり、彼は全力を尽くして精神状態を整え、恭謙さを保っていたのに、どうして国都を昌邑城と呼び、宣帝の神経を逆なですることがありえようか？もしこのようであ

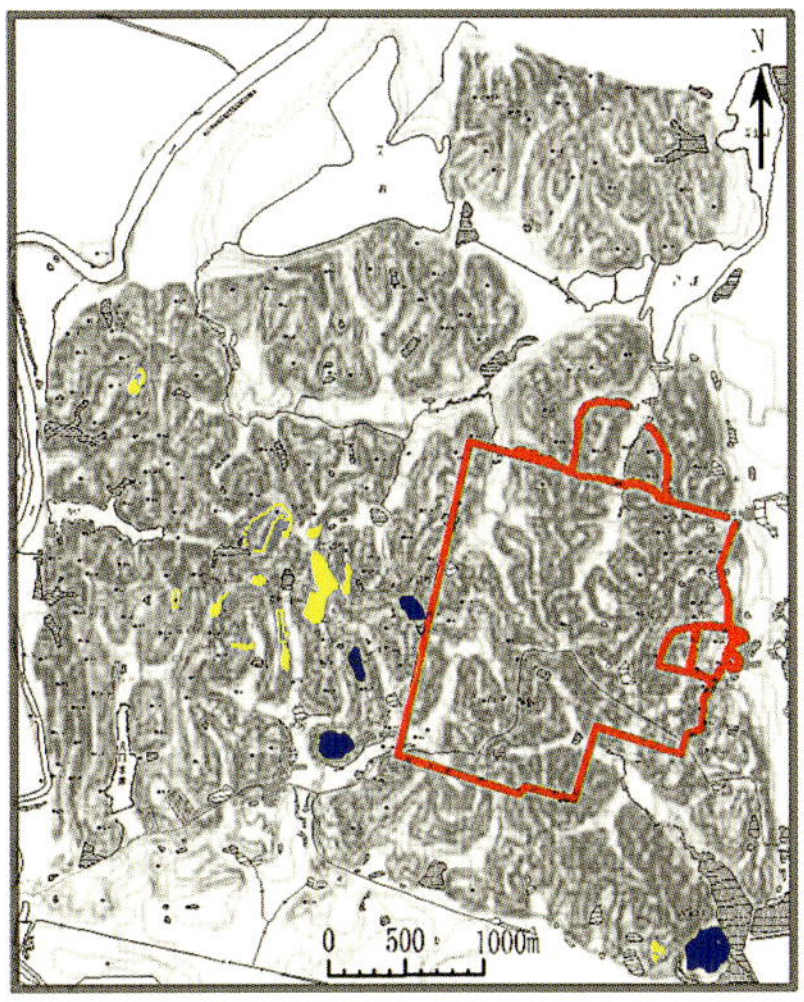

海昏侯国の都城――紫金城址

れば、朝廷に自身が国を復活させようとしたがっていることをはっきりさせることになるのではないか？　たとえ劉賀が再び愚かになったとしてもここまではなかろうし、まして彼は絶対に愚かではなかった。「紫金城」については、漢代にはこのようないい方はなかったようであり、唐宋以前の文献ではこの三文字を検索してもみつからず、唐宋以後に出現したとみるべきであろう。

劉賀は海昏国において、生活面では確かに憂慮するようなことはなく、もとの昌邑国の財産は一銭も手がつけられず、加えて新たに四千戸の食邑が封ぜられ、大土豪《どごう》と称することができるほどのものであった。ある学者は前漢の賦税制度や四千戸の納税人口にもとづいて海昏侯の収入を算出し、「海昏侯劉賀の一年間の基本的な賦税収入はおおよそ六四三・六万銭であり、もし関税・市税・酒税や鉱産税などの末業《まつぎょう》の税を含めるのであれば、彼の一年間の租税収入の総計は一〇〇〇万銭と見積もられるであろう。もし廃帝劉賀がもとの昌邑国にいたときの食邑二千戸と比較するならば、海昏侯に封ぜられた後における劉賀の年間租税収入の総計は以前の三倍ほどに達している。もし宣帝時代における王子侯の食邑の戸数や租税収入と比較するならば、

「海」字の銅印（北蔵槨娯楽用具庫より出土）

「劉賀」の名を刻んだ玉印

「大劉記印」（亀紐、主槨室東室南部より出土）

銭庫発掘現場

五銖銭（北蔵槨銭庫より出土）

馬蹄金（「上」「中」「下」の銘文がある）

麟趾金（「上」「中」「下」の銘文がある）

劉賀の食邑の戸数は他の王子侯のそれよりも多く、租税収入も王子侯より多い」。⑥

最近、南昌海昏侯劉賀墓からは大量の黄金・五銖銭や文物一万点あまりが出土し、うち金製品は三七八点（金餅二八五点・馬蹄金四十八枚・麟趾金二十五枚・金板二十枚）、五銖銭は重量一〇トン、二百万枚であった。文献の記載は信ずる価値があり、学者の考証も道理のないものではないことがうかがえるであろう。

しかし満ち足りた生活は決して劉賀の寿命を延ばすことはなく、これは彼のリューマチと直接的に関係している。彼はもともと昌邑国にいたときからすでに病魔との闘いを強いられ、海昏に移ってからも、南方の、夏は蒸し暑く、冬は寒さが厳しいという気候が彼の病気をいっそう重くした。『史記』「貨殖列伝」の「江南卑湿にして、丈夫早夭す」という記載は、江南の湿気が重く、男子の寿命が短くなるということを意味している。劉賀がかかったリューマチ自体は湿気・寒気と関係があり、また北方人にとっては、その水土があわなかった。そのため、彼のふだんにおける飲食は身体を整えるために重要だった。海昏侯墓からは青銅製の蒸留器一点が出土しており、それが酒の醸造に用いられたか否かについては定論をつけがたいが、なかに

酒具庫（北蔵槨東部と東蔵槨北部に位置する）

青銅蒸留器（東蔵槨北部酒具庫より出土）

盛られたクリ・クログワイ・ヒシ等の植物の果実は、「食物としてだけではなく、薬としても用いることができ、その薬効はまさに劉賀の病体に対応しており、『対症下薬（症状によって薬を決める）』というべきであろう」。[7]　墓葬の主槨室の西堂・東寝の棺桶のかたわらにはそれぞれ二メートルの床榻《しょうとう》が発見されたが、礼制にもとづくと、堂（客間のようなもの）は海昏侯が賓客を接待しました仕事をおこなう場所であり、もとは床榻ではなく坐榻（現在のソファーに相当する）を置くべきものであった。専門家によれば、堂か寝かにかかわらず、基本的には死者の生前における仕事・生活などの習慣に依拠して設置されたものであるらしい。これから推測するに、海昏侯の生前の体調が悪く、賓客の接待や仕事のときにも寝そべっていた可能性はきわめてたかい。[8]　ほかに、出土した竹簡のなかにも『医書』『五色食勝』などの内容があり、劉賀の病気・養生と無関係ではなかろう。

　劉賀は三十三、四歳までしか生きていないため、予章に南下して以降は、彼の晩年にさしかかっていた。ここで、彼は人生最後の四年間を過ごすこととなる。少年時代のやりたい放題、放縦、わがままさは、はやくも昌邑の故国にいたときには次第に収斂《しゅうれん》されており、このときは換骨奪胎とはいわないまでも、最低限の落ち着きは身につけ、過去を振りかえることはできるようになり、当時の王吉が諫めたように、修身・養生をおこない、聖賢の書を読み、先王の道を習い、琴棋書画《きんきしょが》などの雅やかな娯楽で性格を養うことを始めた。このことは墓葬から発見された孔子の屏風・硯台・碁盤・投壺や大量の竹簡・木牘からうかがえる。

　出土状況についていうならば、孔子の屏風は二点発見され、ともに程度は異なるものの断裂・破損箇所があり、それぞれの面積は大きくはないが、たいへん精緻で美観をそなえている。屏風には孔子の画像や身の上、生涯が描かれて紹介されており、さらに孔門の高弟である子貢・顔回・子張の画像と文字情報がある。竹簡の内容は『悼亡賦《とうぼうふ》』や医書などのほか、『論語』『易経』『礼記』などの儒教経典があった。前漢では武帝が「独り儒術のみを尊」んでいたから、儒学はすでに政府の主流意識形態にまで上昇して広く伝播し、儒学の修養はいかに道徳・品行を定義づけるかの指標となっていた。劉賀は武帝の皇孫として、当時一流の儒学者たちを擁したことがあり、幼いときより儒学の影響を受けて成長したことは、彼の知識の構造や思想の基調を定め、少なくとも聖人としての孔子が残した「天子に争臣七人有らば、無道と雖も、其の天下を失わず」の類の名言を、彼はしっかりと心にとどめていた。当初、彼は年若くひどく軽薄で、煩悩や色欲で心がすさみ、博大で深遠な儒家の学説は浅薄な知識をかじるだけで、挙止・行為

研究室内における竹簡の整理と保護

竹簡出土現場（主槨室西室南部より出土）

木牘に記された「南藩海昏侯臣賀昧死再拝皇帝陛下」などの文字（墓主の皇帝・皇太后に対する上奏の副本）

と一体となることはできず、彼の先生――この人は班固《はんこ》により『漢書』「儒林伝」に入れられた大儒王式である――は昌邑国において少しの事跡も残すにはいたらなかった。劉賀自身も「荒淫迷惑し、帝王の礼義を失い、漢の制度を乱」したことにより皇位を失い、「前科」を有し朝廷により厳しく監視される人物となった。もし以前のように「書術を好まず逸游を楽し」んでおれば、明らかに自身と家族の生存環境をさらに悪化させていたであろう。

したがって、ある研究者は孔子の屏風に対する緻密な考証・分析により、次のように指摘している。「劉賀についていうならば、濃厚な儒家の色彩は自身が君臣の道を遵守していることをあらわすことにより、自らの身を守るためのものであった可能性がある。筆者がこのように判断するのには、『漢書』の関連する記載だけではなく、屏風からもうかがえるためである。屏風の文字の誤りが少なからず発見され（すでに判明している部分だけでも五、六か所ある）、とくに孔子の年齢を間違えている。このように重要な家具については、書き手があまりまじめではなかったとしても、主人が孔子と儒家経典に対して真に高度に尊崇し熟知していたならば、こうした錯誤の存在を許すことはなかったであろ

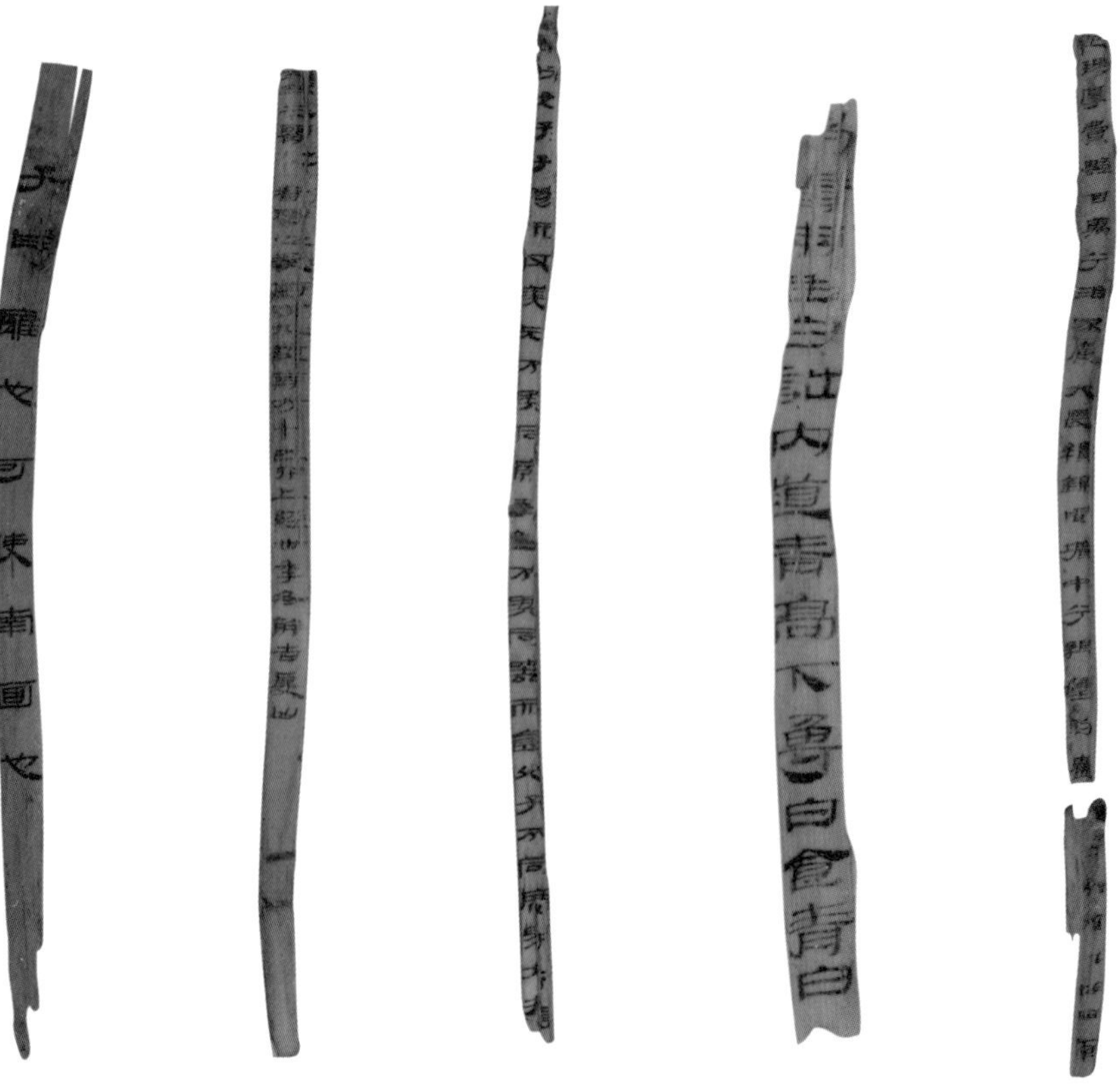

右より
『論語』竹簡
『易経』竹簡
『礼記』竹簡
『五色食勝』竹簡
『葬賦』竹簡

孔子とその弟子らの事跡を描いた漆屏風（主槨室西室より出土）

う。ここからみると、屏風や多くの儒家典籍は、朝廷の厳しい監視下に置かれていた劉賀の、そうせざるをえない選択、ひいては自身を守る道具であり、他人に「坐すれば則ち『詩』『書』を誦し、立てば則ち礼容を習う」の姿を示すものに過ぎなかったであろう」。[9] 的を射た見解である。

結局のところ劉賀は皇位に即いたことのある皇族であり、たとえ放蕩息子が『詩』『書』を誦して礼儀を習うことにより自己を取り繕ったところで、読書は彼にとって最晩年の生活の一部に過ぎなかったであろう。換言すれば、彼の広汎な趣味においては読書程度では満足できなかったのである。

騎馬・駕車・狩猟はかつて彼がこの上なく愛したものであったが、皇位を失って以降は次第に享受しがたくなり、予章に放逐された後はいっそう深く回顧するしかないものとなった。それは次のような理由による。第一に江南の地理的環境・道路状況が騎馬・駕車にそれほど適さない。第二に彼の政治的状況が彼に再度の「放縦」の挙を許さなかった。そして第三に、これが最も重要な点であるが、たとえ先のふたつの要因がなかったとしても、彼の身体はすでに車馬の揺れに耐えられなかったのである。

劉賀の身体の病状はすでに述べた通りであり、リューマチが生んだ足の不便や腰筋の損傷は昌邑国にいたときより深刻になっていた。臨終前の数日において、臥すことが多く座ることも少なくなった可能性があり、客人の接待ひいては読書・執筆の際にさえも床榻によりかかって初めて成立したのである。そのため、馬には乗ることができず、車にも駕《が》することができず、これらはあるいは臨終の際における心残りとなり、また礼制を僭越する危険を冒すことを惜しまず、五乗（一台の四頭立ての馬車を一乗とする）の車馬が彼とともに黄泉の国に赴いた原因のひとつであった。

この一生がすでに「放縦」と無縁であったとしても、来世ではふたたび「風狂」が待っているであろう。

音楽・歌舞の鑑賞も、劉賀の趣味であった。未央宮に入ったばかりのとき、じっとしていられなくなり楽府の高級な楽器を持ち出し、楽人たちに演奏させ、結果として国喪期間に娯楽にふけったことが時宜に適さず、霍光らに弾劾され、彼が廃位された罪状のひとつとなった。このときはるかに首都を離れ、南藩に寄居し、心情は鬱積し、病魔が身体をむしばみ、大いに旗鼓《きこ》を張って大演奏会を催すようなことはでき

青銅製金銀象嵌《ぞうがん》当盧《とうろ》（車馬坑より出土）

銀製当盧（車馬坑より出土）

車馬具部品

青銅製金銀象嵌車馬具（車馬坑より出土）

青銅製金銀象嵌車馬具（車馬坑より出土）

青銅製金銀象嵌車馬具の文様（車馬坑より出土）

車馬坑の俯瞰画像

青銅鐘虡（北蔵槨楽器庫より出土）

青銅紐《ちゅう》鐘（北蔵槨楽器庫より出土）

なかったものの、閉じ込められたなかでひとり歌舞を鑑賞し、楽器を鳴らし鼎をならべて食事をすることで、心中の憂愁をなくし、耳目の好みを満たしたのであり、まだしも礼制に合致するとはいえたのである。

海昏侯府の楽庫の楽器はその多くがもと昌邑国よりもたらされたものであり、皇宮の楽器ほど高級で精緻ではなくとも、その品目は多く、つくりは精緻で、宮・商・角・徴《ち》・羽の五音はそなわっていた。これは劉賀の身分を象徴する楽器であり、のちには彼の死去にともない地下に二千年以上埋められ、今日にいたって再び日の目をみたのである。海昏侯劉賀墓より出土したすべての楽器のなかには、二組の銅編鐘、一組の鉄編磬《へんけい》、琴、瑟《しつ》、排簫《はいしょう》、笙《しょう》および多くの伎《ぎ》楽俑《がくよう》が含まれ、とくに編鐘は、とりわけまばゆく、それぞれの鐘身には精美な図案が描かれ、青銅鐘虡《しょうきょ》（鐘のスタンドの台座）の動物像は、端正で品格があり、活き活きとしている。劉賀が死にいたっても未練を残していたことももっともであり、これらを墓道口から最も遠く離れ、最も人目につきにくい北蔵槨にしまいこんだのである。

囲碁は中国に起源し、春秋戦国時代にはすでに盛行していた。このように複雑なゲームを楽しむには、穏やかな心理状態と相当に強い集中力をそなえることが必要であり、劉賀の性格とは必ずしも合致しない。しかし劉賀墓からは碁盤に似たものが発見されている。「碁盤」はおおよそ二〇センチメートル四方であり、置かれていた位置はまさしく娯楽用の倉庫であった。劉賀の起伏に富んだ人生や環境を考慮すると、たまたま棋譜をならべ、人と対局し、心情をまぎらわしたとしても不思議ではない。

さらに興味深い文物——投壺がある。いわゆる「投壺」とは、壺から一定程度離れたところに立った人が、矢を壺のなかに投げ入れるというものである。これは宴会と関係する伝統的儀式であり投擲《とうてき》遊戯でもある。一説によると西周の射礼より変化したものであり、春秋時代にはすでに上流社会に流行し、戦国時代に次第に民間に伝播していったといわれる。漢代においては依然として儒士の高級な活動であり、『東観漢記』が伝えるように、後漢光武帝の麾下《きか》である祭遵《さいじゅん》は、「士を取るは皆な儒術を用い、酒に対し娯楽すれば、必ず雅歌投壺」したという。河南省の南陽漢画館には、投壺の情景を刻した画像石がある。司馬光はこの活動に高い評価をあたえており、「投壺は以て心を治むべく、以て身を修むべく、以て国を為すべく、以て人を観るべし」と述べている。[10] 劉賀は投壺遊びについて明らかに「国を為す」「人を観る」境地に達していたわけではなかったが、「心を治む」「身を修む」はまさしく当時の精神的受容に符合していた。彼が座したり臥したり立ったりし、頻繁に姿勢を変え、客人・家族あるいは侍従と、小酒をたしなみつつ投壺の競争に興じていたとき、投げて入った喜びや入らなかった落胆が交じる情景を想像することができ、我を忘れる境地に進み入ったのではなかろうか？

当然ながら、振り返るに堪えないあの二十七

瑟（楽器庫より出土）

排簫

海昏侯墓の墓室俯瞰画像

投壺図

碁盤

青銅投壺（北蔵槨東部酒具庫より出土）

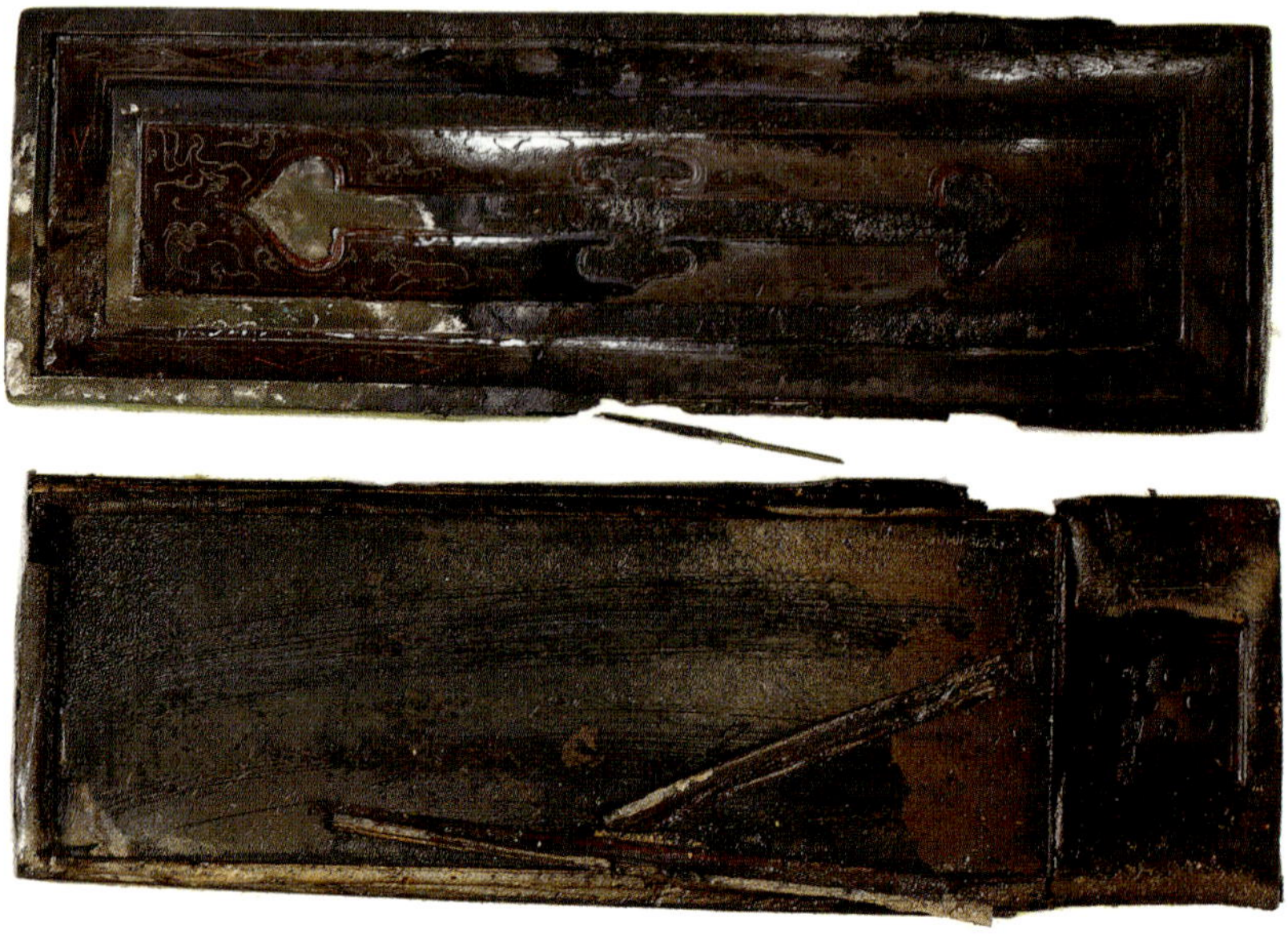

漆盒・硯（西蔵槨文書庫より出土）

日間と、手に汗握る二十八日目とは、いつも彼の心情を騒がせ、落ち着きを失わせた。まさしくこのときに、彼は家族やお供の部下と外出して気をまぎらわせたのであり、そのことが「慨口」の伝説を生んだ可能性はある。

「慨口」とは、一説によれば海昏侯国の都城の東方十三里のところ、贛江と彭蠡沢の合流地点であるという。劉賀は毎回船に乗って流れにしたがって河を下り、河口に到達すると、北に向かって望み、悔恨・憤懣・思念・感慨の情を織り交ぜ、「輒《すなわ》ち憤慨して還り」、久しくして人びとはここを「慨口」とよぶようになったという。後に、清代の詩人黄正澄は一首の詩をあらわした。その題を「慨口」という――

慨口の位置

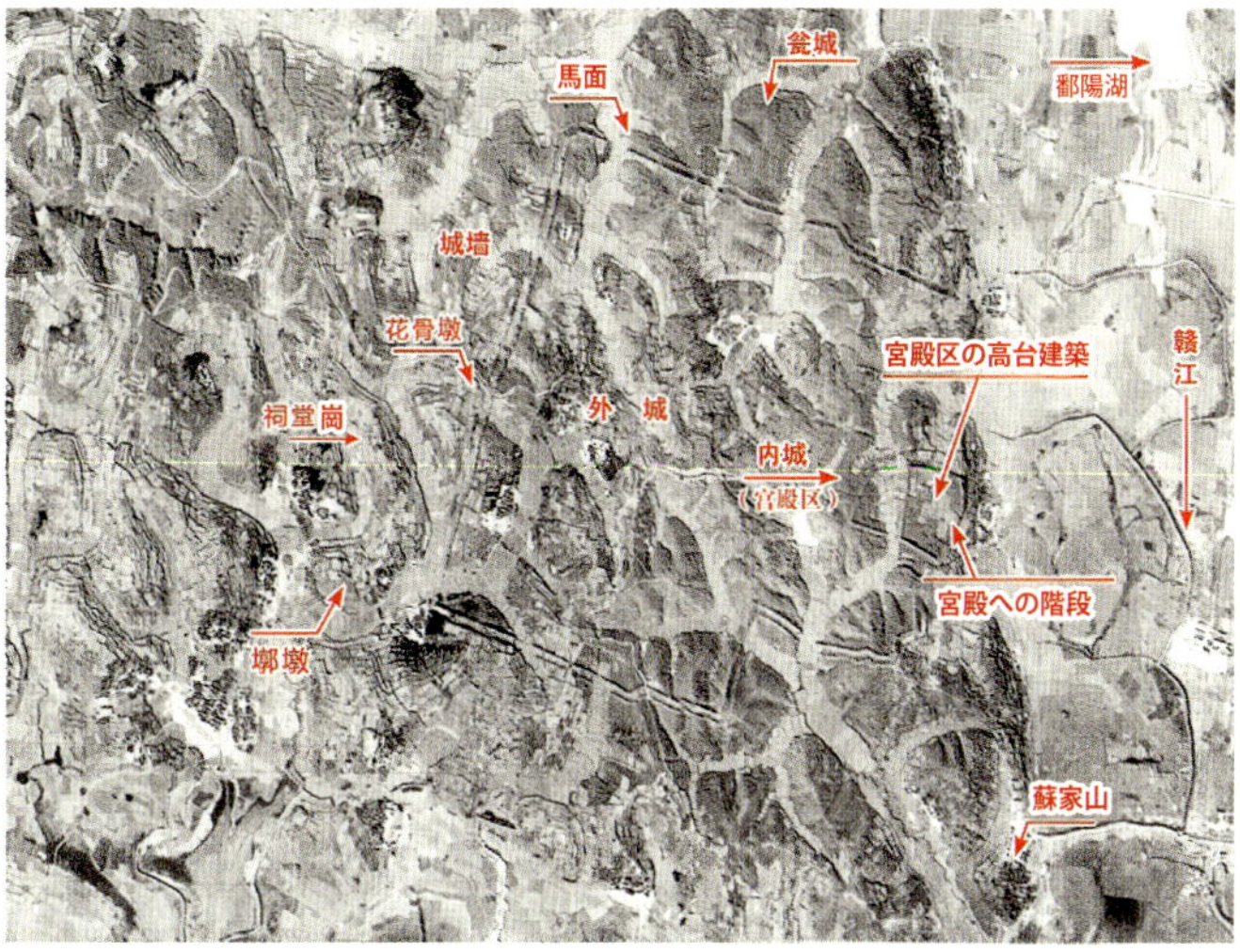


海昏侯国の都域と墓葬区の分布（一九七三　航空写真）

城漫《すず》ろに昌邑に移り、侯空しく海昏に拠る。
繁華たる都已《や》んぬるかな、博陸《はくりく》今存すべし。

「慨口」の伝説は南朝劉宋時代の『予章記』に由来し、この書の作者は雷次宗と呼ばれ、当時の予章南昌の人であった。残念ながら彼があらわした『予章記』はのちに散逸してしまったが、ここには海昏侯やその子孫に関する故事が豊富に書かれていたであろう。

## 3　「死して為に後を置かず」

「死して為に後を置かず」とは、海昏侯劉賀の死後、その継承者を冊立《さくりつ》しなかったことを指す。

劉賀は予章においては自由がきいていたようではあるが、彼の廃帝という身分は宣帝にとっては、一種の心の悩みであり、朝廷は彼に対する秘密裏の監視を少しも緩めることはなかった。

劉賀は予章において自身の家族を除いては、肉親は一人もおらず、地方の官吏とも付き合うことがなかったが、これはもとより保身の方法としては最良であった。しかし彼が人を探さなくとも、人が彼を探していた。かつて予章太守の配下として卒史をつとめていた人物がおり、

青銅鼎

名を孫万世といったが、劉賀とどのような関係であったかは定かではない。卒史は俸禄百石の小吏であり、当時としては貧しい役人という部類に属していた。おおかた孫万世は劉賀という大富豪に目をつけ、口先のうまさを頼りに、劉賀の歓心を買い、でたらめをいって飲み食いし、小金をだまし取っていた。行き来することが多くなり、会話も次第に自由なものとなり、同時に官府の注意を引きつけることとなった。

あるとき、孫万世がまた海昏侯府に赴き、劉賀と会話し、話が進むと、孫万世は突然次のような質問をぶつけた。「あなたが廃されたとき、どうして宮殿に閉じこもり、堅守して出ることなく、機先を制して大将軍を殺害することもせず、かえって甘んじて人のいいなりになり玉璽を奪われてしまったのですか？」このからかいの言葉は、劉賀の悔恨の念を激しくさせ、彼はこういった。「お前のいうことはもっともであるが、私は確かによき機会を把握していなかったのだ」。孫万世はまた劉賀がいずれ予章王に封ぜられ、列侯のまま長くいることはないと考えていた。劉賀がどのように考えていたかはわからないが、意外にもこう回答した。「まもなくそうなるだろうが、いうべきことではなかろう」。

この会話からみると、劉賀の帝王としての志はなおも滅んではおらず、心中の悔恨は昔通りに強烈であったことになるが、これは聖賢の書を読み、堯・舜の志を立てて激励された結果であったのか、それともかつての帝王の貫禄が死した灰からよみがえったのであろうか？

海昏侯墓の発掘状況からみると、「海昏侯劉賀墓の墓園の構造・形状・大きさや、墓前の寝殿建築、祠堂等の祭祀設備、付葬墓、墓外陪葬坑の設置、封土およびその大きさ、墓室の形状、構造および規模の大きさ、棺槨の構造およびその大きさ、二重の木棺を使用していることなど、すべては列侯墓の特徴をあらわしている」。また

青銅壺（東蔵槨厨具庫中部より出土）

玉佩《ぎょくはい》

玉器（西藏槨娯楽用具庫より出土）

玉器（西藏槨娯楽用具庫より出土）

墓園全体は内から外まで制限を超えてはいないともいえる。しかしいくつかの方面では一般の列侯の規格を超え、諸侯王の気勢をそなえており、陪葬坑における五両二十匹の実用的な本物の車馬の副葬、実用的な編鐘や編磬の副葬、大金璧《へき》・金板の副葬、および主棺中の遺体の頭が南を向いている点などは一般の列侯の墓葬の規制を超えており、さらに大量の金器・五銖銭・玉器・銅器・漆器などは、諸侯王墓としての特徴や風格を鮮明なほどにそなえている。⑪

漢代の「死に事《つか》うること生に事うるが如し」という葬俗制度からみると、海昏侯墓は墓主が死に臨んでなお帝王をめぐる心のわだかまりを持ち続けていたことを反映しているのであろうか？おそらくそうであるに違いない。

しかし劉賀と孫万世の密談はあっさりと漏洩した。結局どうして漏れたのか、史書には記載がなく、したがって孫万世が朝廷の密偵であったとみる人もいる。しかしこれは推測にすぎない。実際には、前述のごとく、呉楚七国の乱が発生したあと、前漢朝廷は地方の王侯に対する規制を強め、武帝以後はそれがいっそう厳しくなり、なかでも王侯と地方官吏が結託することなどを厳禁するという法令があった。元封五年（前一〇六年）、武帝はさらに刺史《しし》制度を創設し、

龍・虎・鳳の透かし彫り文様をもつ韘形佩《しょうけいはい》
（主槨室東室南部より出土）

大漢帝国の統治領域を十三州部（監察区域）に区分し、州部ごとに刺史ひとりずつを置き、毎年八月には管轄の郡国を巡視し、吏治の考課、官僚の賞罰、冤罪の断治などをおこなった。刺史は固定した職務場所をもたず、地位は低いが職権は重く、欽差《きんさ》の性質を有し、郡国の二千石の高官を監察・弾劾でき、王侯もその監察の対象に含まれていた。劉賀の身分は特殊であり、孫万世はかつて予章郡の吏であり、両者の密接な交際は自然に官府の注目を引きつけないわけにはいかなかった。ここにおいて、孫万世は官府に逮捕されて拷問を受け、おそらくは刑の宣告を待たずして、観念しきった彼は、すぐに一部始終を話したのであろう。

　当時の予章郡は揚州刺史部に属し、巡察を担当していたのは柯《か》という名の刺史であった。刺史柯は報告を受けたあと宣帝に上奏し、劉賀と前任の予章太守卒史孫万世の結託を弾劾し、関連官僚の調査をへて事実であることが判明すると、劉賀の逮捕を要請した。

　刺史柯の劾奏《がいそう》に直面し、宣帝はまた規格外の恩を施すことを表明し、贖罪という方式を採用し、命令を下して劉賀の三千戸の食邑を削減させたが、そのほかは追究しなかった。このようにして、劉賀の食邑はその四分の三が削減され、四千戸侯から千戸侯に降格された。

　この打撃を受けたあと、劉賀は心身ともに疲れはて、憤懣・憂鬱といった情緒の困惑、加えて長期にわたる疾病のダメージは、この、かつては半日で二百里を駆け抜けた皇孫をして、ついに不治の病に陥らせた。

　宣帝神爵三年（前五九年）、中国史上唯一の、王・帝・侯を一身に集めた伝奇的な人物劉賀は病死した。享年三十四歳であった。

　劉賀が病死したあと、廖《りょう》と呼ばれる予章太守

玉環
（主槨室東室
南部より出土）

穀紋玉璧
（主棺柩内・外棺の間の
南部より出土）

が宣帝に上奏し、海昏侯国を廃し、「死して為に後を置か」ないことが提案された。上奏には次のようにある。

> 舜は弟の象《しょう》を有鼻に封じましたが、象が死したのち彼のために後嗣を置かず、暴戻昏乱《ぼうれいこんらん》の人は封国の始祖たるべきではないとの意を示しました。いま海昏侯劉賀は死し、劉賀は生前、朝廷に劉充国・劉奉親というふたりの子を後継者とするよう上奏しましたが、ともに彼に先んじて死去しました。これは天が彼の後嗣を断つべきだと考えたものでありましょう。陛下は聖明仁慈にして、劉賀に対する恩恵は甚だ厚く、たとえ舜の象に対するものでもこれにはおよびますまい。礼制にもとづき劉賀の爵封を終わらせ、天意を奉るべきでありましょう。陛下におかれましては関係官僚に討議させるようお願い申し上げます。

群臣の討論をへて、一致して劉賀のために後嗣を立つべからずとの見解が示された。ここにおいて、宣帝は詔を下し、海昏侯国を廃することを宣言した。

十三年後の初元三年（前四六年）、元帝は劉賀の別の子である劉代宗を海昏侯に封じた。これが海昏釐《り》侯である。劉代宗は位を子の劉保世に伝え、海昏原侯とした。さらに劉保世は位を劉会邑に伝えた。

初始元年（八年）、王莽《おうもう》が漢に代わって新朝を建てたのち、海昏侯国は廃され、劉会邑《かいゆう》は庶人に降された。建武元年（二五年）にいたって、光武帝劉秀が後漢王朝を建て、劉氏の天下を回復し、劉会邑はふたたび海昏侯の爵位をえた（「海昏侯家系表」を参照）。

『漢書』「武五子伝」には、海昏侯の家系について非常に簡略な記載がある。「元帝即位し、復《ま》た賀の子の代宗を封じて海昏侯と為し、子に伝え孫に至り、侯と為り今見る」。王子侯表に掲載されている情報と結びつけると、四代の海昏侯のうち二代目と三代目しか諡号《しごう》を受けていなかったことがうかがえ、劉賀は「故《もと》淫辟を行うに坐し、後を置くを得」なかったことにより諡号の名分を失ったのである。劉賀の曽孫《ひまご》劉会邑は班固が『漢書』をあらわしていたときなお健在で、「侯と為り今見る」として、ついに史家が記録した最後の海昏侯となった。

| 諡号及び名 | 続柄 | 初代 | 子 | 孫 | 曽孫 | 玄孫 |
|---|---|---|---|---|---|---|
| 海昏侯賀 | 昌邑哀王の子 | （宣帝）元康3年（前63年）3月壬子、海昏侯に封ぜられ、4年後の神爵3年（前59年）に薨去。かつて淫行をおこなったことから、後嗣を置くことができなかった。 | （元帝）初元3年（前46年）釐侯代宗が賀の子であることから襲封。 | 原侯保世が襲封 | 侯会邑が襲封するも免ぜられ（後漢光武帝）建武（25年〜56年）にいたって封ぜらる。 | 不詳。 |

海昏侯家系表

## 本文注

① 江西人民広播電台「南昌西漢海昏侯墓考古掲秘」シリーズ、二〇一五年十一月十四日　九時三十分～十一時

② 黎伝緒「解説海昏国」（『中学歴史教学』二〇〇八年第七期）

③ 温楽平「漢代海昏県考」（二〇一六年「南昌海昏侯墓発掘暨秦漢区域文化」国際学術研討会交流論文）

④ 王子今「「海昏」名義考」（『中国史研究動態』二〇一六年第二期）、「「海昏」名義続考」（二〇一六年「南昌海昏侯墓発掘暨秦漢区域文化」国際学術研討会交流論文）

⑤ 楊軍「西漢王侯的地下奢華——南昌西漢海昏侯墓考古取得重大収穫」（二〇一六年「南昌海昏侯墓発掘暨秦漢区域文化」国際学術研討会交流論文）

⑥ 温楽平「西漢海昏侯国的租税収入蠡測」（二〇一六年「南昌海昏侯墓発掘暨秦漢区域文化」国際学術研討会交流論文）

⑦ 王剛「身体与政治：南昌海昏侯墓器物所見劉賀廃立及命運問題蠡測」（二〇一六年「南昌海昏侯墓発掘暨秦漢区域文化」国際学術研討会交流論文）

⑧ 陳艶偉・呉秀娟「海昏侯墓『東寝西堂』内均発現二米多長床榻」（『江南都市報』二〇一五年十一月十六日）

⑨ 邵鴻「海昏侯墓孔子屏風試探」（二〇一六年「南昌海昏侯墓発掘暨秦漢区域文化」国際学術研討会交流論文）

⑩ 司馬光『投壺新格』（上海書店出版社、一九九四年）

⑪ 白雲翔「侯墓・王記・廃帝心——西漢王侯陵墓考古視野下海昏侯劉賀墓的考察」、周洪「論有関海昏侯墓葬文物礼制的三個問題」（二〇一六年「南昌海昏侯墓発掘暨秦漢区域文化」国際学術研討会交流論文）

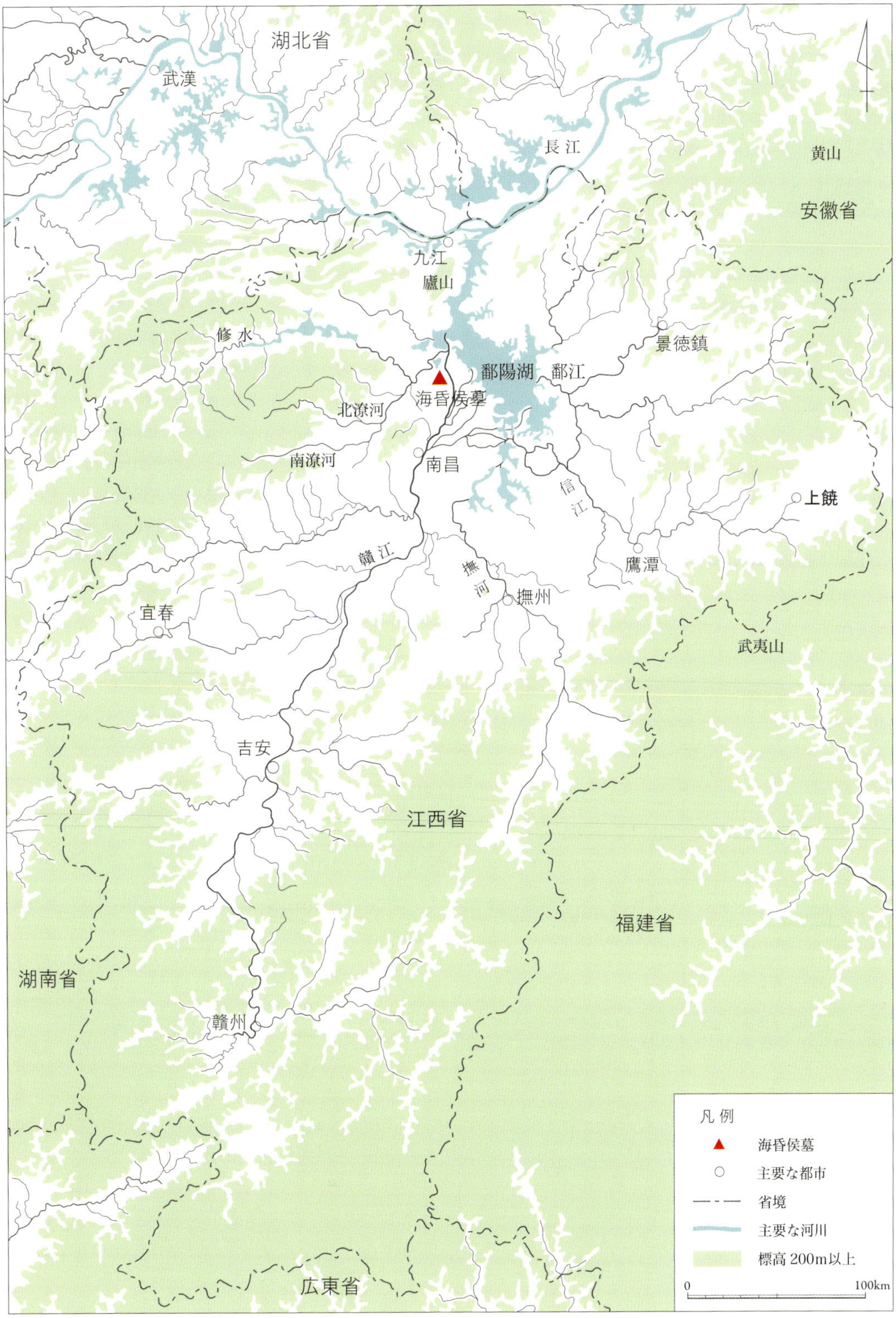


海昏侯墓の位置（『中華人民共和国地図集』地図出版社 1984年縮印本をもとに監訳者作成）

# 付録1　前漢皇帝系図

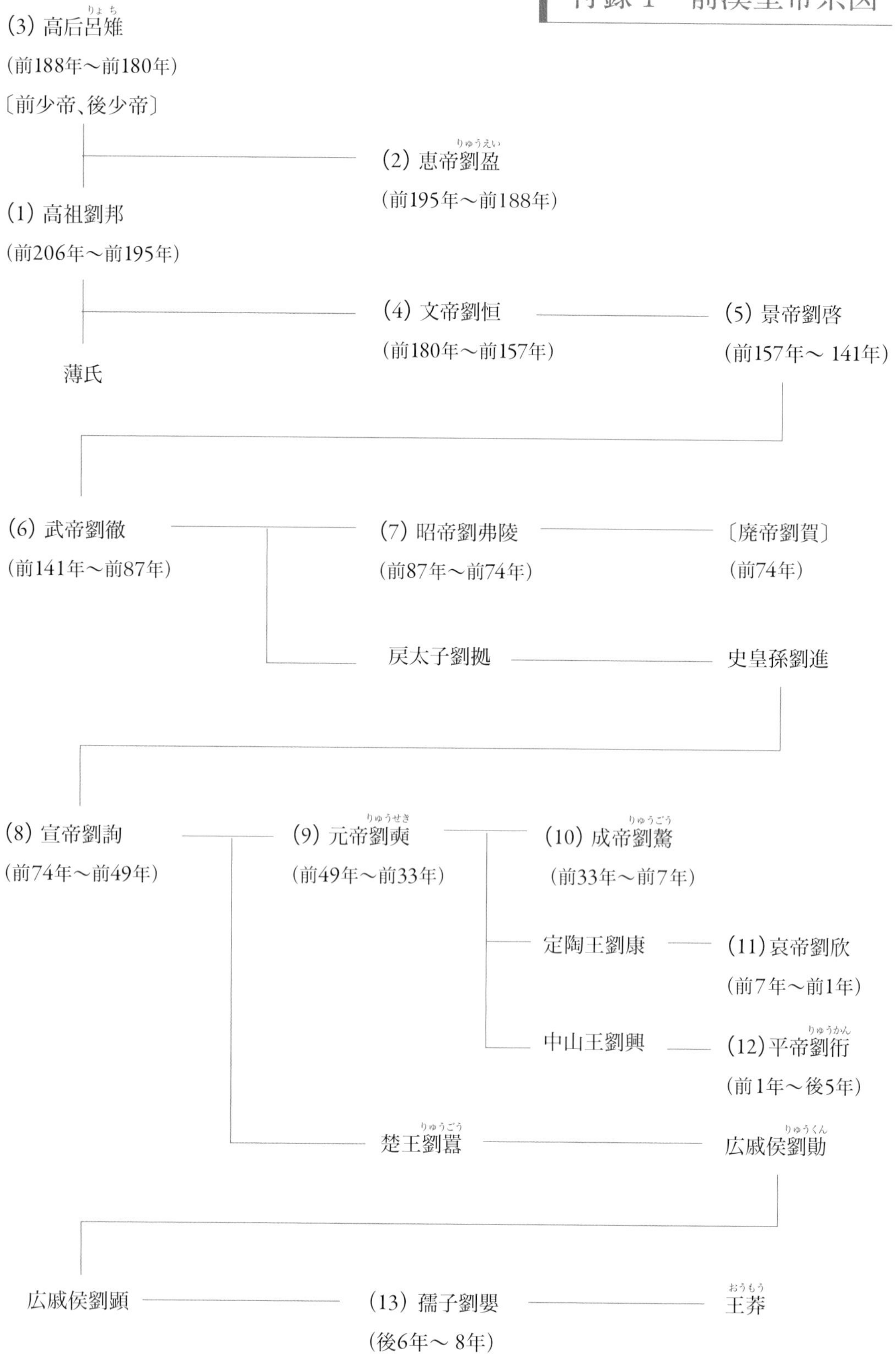
(3) 高后呂雉《りょち》
(前188年～前180年)
〔前少帝、後少帝〕
(2) 恵帝劉盈《りゅうえい》
(前195年～前188年)
(1) 高祖劉邦
(前206年～前195年)
(4) 文帝劉恒
(前180年～前157年)
(5) 景帝劉啓
(前157年～ 141年)
薄氏
(6) 武帝劉徹
(前141年～前87年)
(7) 昭帝劉弗陵
(前87年～前74年)
〔廃帝劉賀〕
(前74年)
戻太子劉拠
史皇孫劉進
(8) 宣帝劉詢
(前74年～前49年)
(9) 元帝劉奭《りゅうせき》
(前49年～前33年)
(10) 成帝劉驁《りゅうごう》
(前33年～前7年)
定陶王劉康
(11) 哀帝劉欣
(前7年～前1年)
中山王劉興
(12) 平帝劉衎《りゅうかん》
(前1年～後5年)
楚王劉囂《りゅうごう》
広戚侯劉勛《りゅうくん》
広戚侯劉顕
(13) 孺子劉嬰
(後6年～ 8年)
王莽《おうもう》

# 付録2　劉賀家系図

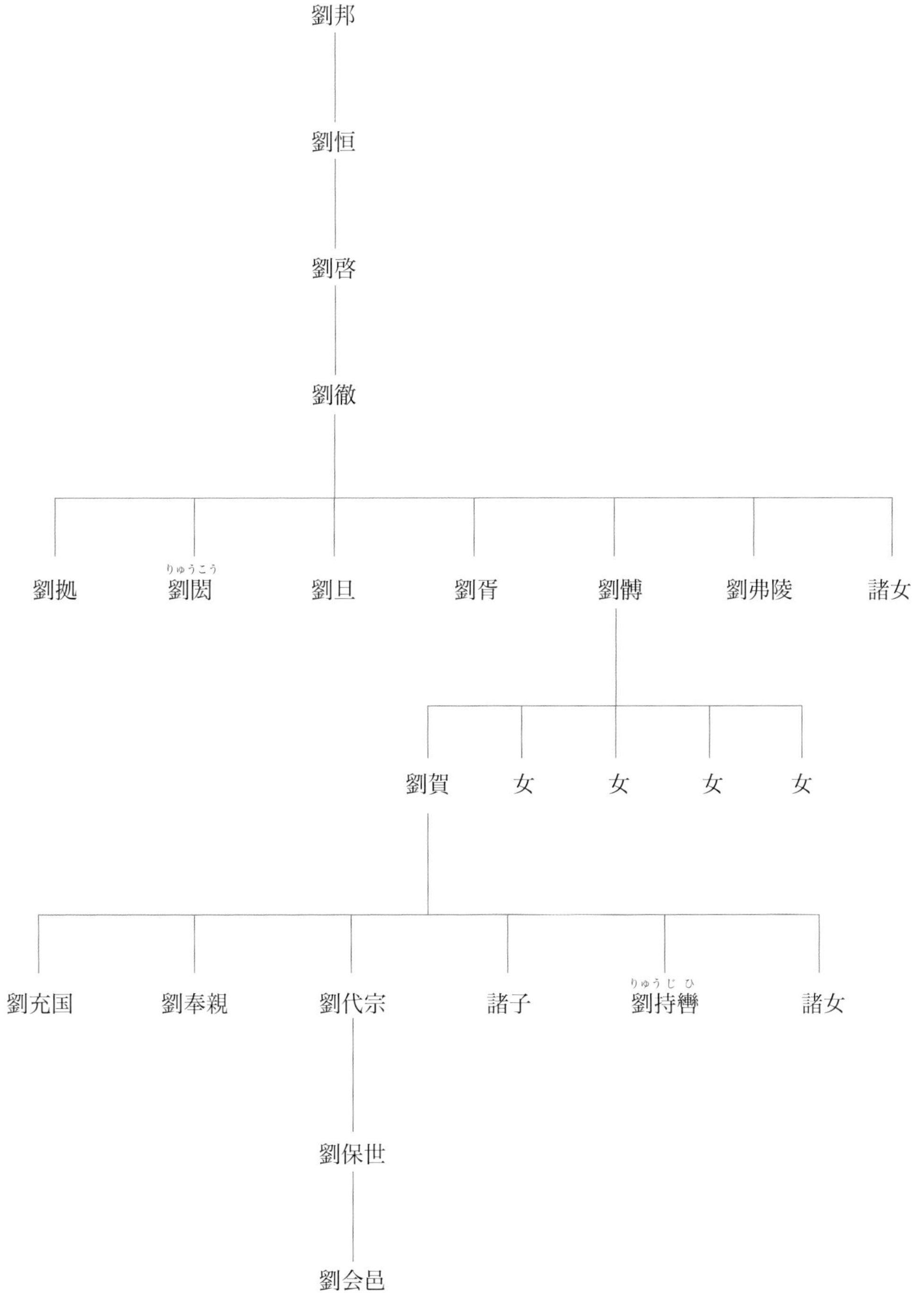
劉邦
劉恒
劉啓
劉徹
劉拠
劉閎《りゅうこう》
劉旦
劉胥
劉髆
劉弗陵
諸女
劉賀
女
女
女
女
劉充国
劉奉親
劉代宗
諸子
劉持轡《りゅうじひ》
諸女
劉保世
劉会邑

| | | | | |
|---|---|---|---|---|
| 元鳳2年 | 前79 | 14歳 | | |
| 元鳳3年 | 前78 | 15歳 | | |
| 元鳳4年 | 前77 | 16歳 | | |
| 元鳳5年 | 前76 | 17歳 | | |
| 元鳳6年 | 前75 | 18歳 | | |
| 元平元年 | 前74 | 19歳 | 4月17日、昭帝崩御する。劉賀が6月初めに皇帝に即位し、6月28日に廃位される。昌邑国も廃され、山陽郡となる。7月25日、劉病已（後に劉詢と改名）が皇帝に即位する（宣帝）。 | |
| 本始元年 | 前73 | 20歳 | | |
| 本始2年 | 前72 | 21歳 | | |
| 本始3年 | 前71 | 22歳 | | |
| 本始4年 | 前70 | 23歳 | | |
| 地節元年 | 前69 | 24歳 | | |
| 地節2年 | 前68 | 25歳 | 3月、霍光病死する。 | |
| 地節3年 | 前67 | 26歳 | 5月、張敞が山陽太守に任命される。 | |
| 地節4年 | 前66 | 27歳 | 7月、霍光の一族が謀反により族誅される。9月、張敞がもとの昌邑王府に自ら赴き、劉賀の状況を観察する。 | 張敞が上奏にて「故の王 年二十七」といっている。これは劉賀の年齢を示す唯一の史料的根拠である。 |
| 元康元年 | 前65 | 28歳 | | |
| 元康2年 | 前64 | 29歳 | 宣帝が密かに山陽太守張敞に璽書をあたえ、「謹んで盗賊に備え、客の往来を監視させた」。 | |
| 元康3年 | 前63 | 30歳 | 春、劉賀が海昏侯に封ぜられる。 | |
| 元康4年 | 前62 | 31歳 | | |
| 神爵元年 | 前61 | 32歳 | | |
| 神爵2年 | 前60 | 33歳 | 劉賀が前予章太守卒史孫万世と密談し、デリケートな内容におよんだために、揚州刺史柯に弾劾され、食邑3,000戸を削減される。 | 史書はこの事件が発生した具体的な年代を伝えないが、劉賀の死の1年前と推測される。 |
| 神爵3年 | 前59 | 34歳 | 劉賀病死し、海昏国も廃される。 | |

## 付録3　劉賀年表（前92～59）

| 漢の紀年 | 西暦 | 年齢（数え年） | 事件 | 備考 |
|---|---|---|---|---|
| 征和元年 | 前92 | 1歳 | 劉賀生まれる。 | |
| 征和2年 | 前91 | 2歳 | 8月、戻太子劉拠が巫蠱の乱により自殺。その孫劉病已《へいい》（後の宣帝）は生後数か月のため、難より免れる。 | |
| 征和3年 | 前90 | 3歳 | 貳師将軍李広利、丞相劉屈氂と昌邑王劉髆の皇太子擁立を画策するも、失敗する。劉屈氂は一族もろとも処刑され、李広利は匈奴に逃れ、残された家族は殺害された。 | 李広利は劉髆の義理の兄、劉賀の伯父であり、劉屈氂の岳父である。 |
| 征和4年 | 前89 | 4歳 | 8月、李広利は亡命先の匈奴にて漢人衛律の讒言により殺害される。 | |
| 後元元年 | 前88 | 5歳 | 正月、昌邑哀王劉髆薨去《こうきょ》し、劉賀が昌邑王の位を継ぐ。6月、武帝が「輪台にて己を罪するの詔」を発布する。 | |
| 後元2年 | 前87 | 6歳 | 2月、武帝崩御する。享年70歳。昭帝劉弗陵が皇位を継承する。当時8歳。霍光・金日磾・上官桀は「尚書の事を領し」、霍光が政治を主導する。 | 劉弗陵は武帝の第6子（末子）。 |
| 始元元年 | 前86 | 7歳 | 9月、金日磾薨去する | |
| 始元2年 | 前85 | 8歳 | 正月、霍光が博陸侯に、上官桀が安陽侯に封ぜられる。 | |
| 始元3年 | 前84 | 9歳 | 上官桀は霍光を通じて5歳の孫の上官氏を後宮に入れようとするが、幼年を理由に霍光に拒否される。上官父子は蓋長公主の助けを受け、上官氏の後宮入りを成功させる。 | 上官氏は上官桀の孫であり、霍光の外孫である。 |
| 始元4年 | 前83 | 10歳 | 3月、上官氏が皇后に冊立される。年齢はわずかに6歳。 | |
| 始元5年 | 前82 | 11歳 | 上官皇后の父上官安が安楽侯に封ぜられる。 | |
| 始元6年 | 前81 | 12歳 | 蘇武が匈奴に使者として赴き19年間抑留された後、漢に帰還し、漢と匈奴は友好関係を回復する。 | |
| 元鳳元年 | 前80 | 13歳 | 9月、上官父子・蓋長公主・燕王劉旦らが謀反により殺害され、あるいは自殺する。 | 8月に始元から元鳳に改元する。 |

# 跋

## 監訳者あとがき

海昏侯劉賀という名をきいて、すぐにその人となりを思い浮かべることのできる日本の読者は、おそらくほとんどいないだろう。現在、高校世界史の教科書がとりあげる前漢の皇帝は、たいてい高祖劉邦と武帝のふたりだけであるから、廃帝である劉賀の名が一般に知られていないのも無理はない。中国古代史の概説書のなかで劉賀の事件がとりあげられることはあっても、そこに割かれる紙幅は数ページあれば多いほうであり、専門の研究書や学術論文においてもほとんど注目されることのない存在であった。

もともと劉賀については、ごくわずかな記録しかのこされていない。そのおもな史料といえば、後漢の班固が撰述した『漢書』のうち「武五子伝」と「霍光伝」だけで、ほかは「宣帝紀」などに断片的な記録があるにすぎない。「武五子伝」には皇帝即位までのいきさつと廃位後のことが記されており、「霍光伝」には即位から二十七日をへて廃位にいたるまでの経過が詳しく述べられていて、両者は相互補完的な関係にある。あわせて四千字に満たないそれらの記録が、おおよそ彼の生涯をものがたるすべてだった。本書にみる劉賀の物語も、おおむね『漢書』にもとづいて記述されている。

しかし、こうした資料状況は、近年の考古学的発掘によって一変した。二〇一一年三月、江西省南昌市新建区の墎墩山にある前漢代の大型墓が盗掘に遭い、その後の数年にわたる調査によって、これが海昏侯劉賀の墓であることが確かめられた。その墓からは、数両の車馬、青銅の容器・楽器・車馬具、「昌邑」の銘をもつ漆器など、一万点を超える大量の副葬品が出土し、大いに人びとの関心をひいた。これまで史書に記された文字から想像するしかなかった劉賀のすがたは、こうした圧倒的な量と質をもつ豊かな副葬品によって具体化し、鮮やかな色彩をともなう視覚的なイメージへと大きく変化したのである。

副葬品に含まれる大量の金器、生薬、孔子を描いた屏風、『論語』『易経』『礼記』などの木簡類が、本書のいうように劉賀の生前のすがたを反映したものかどうかは議論の余地があるとしても、史書が記録する劉賀の常軌を逸したおこないが、多分にかたよった視点からえがかれたものであることは疑いがない。劉賀に対する史書の批判的な記述は、あくまで皇帝の廃位という異常事態を正当化するための方便であり、そこに敗者の弁明は記されない。なお歴史の真実にたどりつくまでの道のりは遠いとはいえ、現代に生きる多くの人びとが劉賀という人物と彼をめぐる歴史的事件に興味をもち、このように彼を主人公とする書物が著されるにいたったことは、前世紀には思いもよらなかった大きな進歩といえるだろう。

本シリーズの翻訳は、二〇一七年一月に京都大学人文科学研究所の岡村秀典教授とともに北京をおとずれた際、樹立社の向安全社長から提案をうけて実現することになった。原著の中身もほとんど確認しないままに引き受けた企画でありながら、幸いにも翻訳のメンバーは順調に集まり、西晋史についての単著を出版したばかりの田中一輝さんが第一巻を、また文学研究科の博士後期課程で考古学を専門としている坂川幸祐さんが第二巻を、日本学術振興会特別研究員ＰＤとして二〇一七年四月から人文科学研究所に籍を置くこととなった大谷育恵さんが第三巻を、それぞれ担当してくれることになり、シリーズ全体の監訳と序文の翻訳を私が担当することに決まった。

こうして二〇一七年四月から八月にかけて、毎週月曜の午後に人文科学研究所分館の共同研究室に集まり、読書会を開くことになった。参加者は各巻の翻訳担当者と岡村・向井の計五名で、週ごとに第一巻から第三巻までを交替に読み進めていった。一般に考古学の論文や発掘報告は、専門用語は難解でも構文や文法は単純であることが多い。しかし、本書は一般向けに書かれた書物であるため、ところどころに口語体の文章や俗語などが混じっていて、最近の流行ことばにうとい私たちを悩ませた。それでも、第一巻の翻訳は、北京大学での留学経験もある田中さんの的確な翻訳によって順調に進み、三巻のなかで最もはやく七月下旬には下訳が完成した。

しかし、私のほうで三巻全体の調整をしつつ原著と照合して文章を推敲するのにずいぶん時間がかかり、第一巻の原稿を提出できたのは十一月末、第二巻と第三巻の入稿は年が明けて二〇一八年三月と四月になってしまった。その後、一般の読者にもわかりやすい文章になるよう、編集担当の高崎千鶴子さんがあらためて原稿を細かくチェックしてくださり、書名やシリーズ名についても有意義な提案をいただいた。文意の通りにくいところを指摘してもらうなかで、誤訳に気づいた箇所も少なからずあった。また、日本の読者には必要がないと判断した情報については、協議のうえ文意を大きく損なわない範囲で削除した。原著者の意図と異なるところがあるとすれば、それはすべて監訳者の責任である。最後に、本書の翻訳と出版にご尽力いただいたすべての方々に、深くお礼を申し上げたい。

二〇一八年　十二月

向井　佑介

主編

陳　政　（ちん せい）

江西文化研究会秘書長・文化学者・江西省作家協会副主席・
江西省文芸学会副会長・美術評論委員会主任

編著

盧　星　（ろ せい）

江西師範大学歴史系教授・秦漢史学者

方　志遠　（ほう しえん）
江西師範大学歴史系教授・江西歴史学会会長

監訳

向井　佑介　（むかい ゆうすけ）

1979 年生まれ。京都大学大学院文学研究科博士後期課程から京都大学人文科学研究所助手・助教、
京都府立大学文学部講師・准教授を経て、現在、京都大学人文科学研究所准教授。専門は中国考古学・歴史考古学。
主な著作に「仏塔の中国的変容」（『東方学報』88、2013 年）などがある。

翻訳

田中　一輝　（たなか かずき）

1983 年生まれ。京都大学大学院文学研究科博士後期課程修了、博士（文学）。
現在、立命館大学専門研究員。専門は六朝史。
主な著作に『西晉時代の都城と政治』（朋友書店、2017 年）などがある。

埋もれた中国古代の海昏侯国（一）

二十七日間の皇帝 劉賀

2019 年 4 月 22 日初版第 1 刷発行

主　編　　陳政
編著者　　盧星　方志遠
監訳者　　向井佑介
訳　者　　田中一輝
発行所　　株式会社　樹立社
〒113-0034　東京都文京区湯島 2 丁目 9-10 石川ビル1階
TEL：03-5816-1137　FAX：03-5816-1138　http://www.juritsusha.com/

編　集　　高崎千鶴子
装丁・組版　真志田桐子
印刷・製本　モリモト印刷株式会社


ISBN978-4-901769-83-9　C0020

シリーズ 全三巻

# 埋もれた中国古代の海昏侯国

## 世紀の発掘が明かす、
## 二千年前の中国 海昏侯の人生

目のくらむような黄金、山をなす貨幣、美しい象眼細工の楽器や馬飾、青銅器、漆器、竹簡の『論語』や『易経』、漢方薬等々に加え、実物の馬と馬車が姿をあらわした！
これは図版を駆使した奇跡の発掘レポートである。

## 一 二十七日間の皇帝 劉賀

### 漢墓の至宝がものがたる、若き皇帝 劉賀の悲劇

大漢最盛期の皇帝武帝の孫昌邑王の劉賀は、好きな車馬を飛ばす走り屋だった。はからずも皇帝に擁立されて長安に入りその悲劇がはじまる。呪詛、陰謀、愛憎うずまく宮廷にあって二十七日でその地位を追われ、ついには辺境の地、海昏国の列侯に……その三十四年の生涯とは？

陳政 主編／盧星・方志遠 編著／向井佑介 監訳／田中一輝 翻訳
B5判／フルカラー／100ページ 定価本体3800円＋税

## 二 劉賀が残した宝物

### 海昏侯墓発掘の生々しいレポート

在位わずか二十七日の皇帝劉賀の死後二千年あまりの今日二万点をこえる貴重な遺品が姿をあらわした。考古学調査員の手でひとつひとつ組み合わされ前漢の時代がゆっくりと再現されるさまに、現場にいるような興奮をさそわれる考古学マニア必読の書。

陳政 主編／王東林・王冠 編著／向井佑介 監訳／坂川幸祐 翻訳
B5判／フルカラー／146ページ 定価本体4800円＋税

## 三 二千年前の歴史をさぐる

### 「漢の廃帝」劉賀の終の住みか、幻の海昏国の謎に迫る

地殻変動や王朝を揺るがす歴史のなかにあって「海昏国」は二千年の歳月により霧の中に閉ざされた伝説となっていたが、劉賀の遺品の数々が、神秘のベールを一枚一枚はいでいく。謎につつまれた歴史の真相は？二十五の疑問に答える。

陳政 主編／万軍 編著／向井佑介 監訳／大谷育恵 翻訳
B5判／フルカラー／120ページ 定価本体4800円＋税